Le principe du calme

PAUL WILSON

Le principe du calme

Traduit de l'anglais
par Évelyne Châtelain

Bien-être

Titre original :
THE CALM TECHNIQUE
Penguin Books Australia Ltd, 1995

© The Calm Centre Pty Ltd.

Pour la traduction française :
© Presses du Châtelet, 2000

Sommaire

Introduction 7

PREMIÈRE PARTIE

1. Le principe du calme 15
  De quelques idées reçues sur la méditation ... 15
  Qu'est-ce que la méditation? 17
  Pourquoi l'expression «principe du calme»? 19
2. Le problème du stress 21
3. Les bénéfices 25
  Qu'apporte la méditation? 25
  Le processus physiologique 27
  Comment ces changements
  se produisent-ils? 29
  N'avoir qu'une chose à l'esprit 32
  Combien de temps faut-il? 33
4. L'expérience 39
  Les effets produits 39

DEUXIÈME PARTIE

5. La technique 47
  La préparation 47
  Où pratiquer? 48
  La posture 49
  La méditation par la respiration 51
  La technique du calme 55

L'histoire du mantra 57
L'expression de calme 59
Le centre du calme 61
Utiliser la technique du calme 64
Les obstacles 71
Les pensées non sollicitées 71
L'impatience 74

6. Exercices de calme 77
Un peu de tai-chi-chuan 77

7. Le calme continu 87
La technique du calme en action 87
La technique du calme pendant la marche.... 88
La pause-calme 90
La technique du calme 92
Le calme permanent 95
Le mode de vie 95
Le régime alimentaire 96
L'exercice 100
L'attitude face à la vie 101

TROISIÈME PARTIE

8. Questions/réponses 107

QUATRIÈME PARTIE

9. Comment rester calme 123

Introduction

Ferme les yeux, tu verras clairement.
Cesse d'écouter, tu entendras la vérité.

Si nous étions honnêtes avec nous-mêmes, nous reconnaîtrions que nous pouvons beaucoup améliorer notre vie : il nous est facile d'être en meilleure santé, plus heureux, plus sereins. Comment ? En éliminant les risques majeurs que nous encourons. Santé, bonheur et harmonie sont possibles si nous concentrons nos efforts dans les quatre domaines suivants :
- régime alimentaire ;
- exercice physique ;
- attitude de vie ;
- méditation.

Obtient-on des résultats significatifs en ne suivant qu'une de ces voies ? Paradoxalement, oui : pratiquer régulièrement un exercice physique améliore notre qualité de vie, choisir une alimentation équilibrée aussi, comme adopter une attitude positive. L'idéal est bien sûr de trouver un équilibre entre ces quatre pratiques, les effets bénéfiques de chacune renforçant ceux de toutes les autres.

Si vous êtes assez déterminé pour travailler dans ces quatre directions, avec persévérance et sincérité, l'énergie dépensée vous sera rendue au centuple.

Pourtant, parmi ces moyens, c'est sans conteste la méditation qui apporte les meilleurs résultats. Si, dans ce livre, nous abordons toutes les sources d'amélioration, auxquelles nous consacrons des chapitres entiers, c'est à elle que nous donnerons la plus grande part.

L'un des dangers quand on aborde ce sujet est le mysticisme. La plupart des ouvrages qui existent en cette matière ont en effet été rédigés par les tenants d'une spiritualité particulière, et c'est pourquoi il n'est guère surprenant que de tels enseignements soient, en général, les produits d'une école religieuse.

Mon approche est différente, car j'ai essayé d'approcher les merveilles de la méditation sans artifice ou mysticisme. J'emploie un vocabulaire courant, c'est-à-dire que j'évite les obscurités, les envolées, les exagérations, et modère mon enthousiasme. Vous êtes peut-être familiarisé avec les procédés de style chers à la littérature religieuse, telles métaphores, paraboles, allégories? Même s'ils méritent des louanges, il s'agit souvent de méthodes trop sophistiquées et ésotériques, qui n'ont pas toujours grande signification, et sont sans intérêt pour cet ouvrage. Néanmoins, comme ce livre se penche surtout sur l'esprit et la psyché, le recours à la métaphore se révélera parfois nécessaire. Mais à condition de ne pas la confondre avec la réalité. Quand je dis « Le corps devient plus léger », ce n'est qu'une expression, pas de la lévitation. Inutile de vous ruer sur la balance en espérant quelques kilos en moins!

Hélas, la méditation sera toujours très liée au mysticisme, comme elle l'a toujours été, car c'est dans sa nature. Même si je ne peux et ne veux changer ce fait, je me sens obligé de ne pas le renforcer. Aussi, ce livre, comme toute ma technique du calme, ne s'égarera pas dans le romantisme, et se concentrera sur la pratique. Il a été rédigé en gardant à l'esprit que la méditation est utile, facile à comprendre et à apprendre, et mérite d'être abordée de manière pragmatique, comme l'aérobic ou les régimes alimentaires. Pas plus, pas moins. Ceux qui ont essayé d'approcher la méditation via des sources traditionnelles connaissent sans doute la frustration inévitable liée à cette quête du Graal. Si vous n'avez pas envie d'embrasser de nouvelles croyances, ou de payer fort cher un cours d'études mystiques, vous n'avez guère de solutions. Je ne mets certes pas en doute la sincérité et la crédibilité de la plupart des professeurs de méditation ; pour ma part, j'en connais de nombreux auxquels je fais confiance, et, en outre, leur enseignement remonte à une tradition bien plus ancienne que la mienne. Le principe du calme s'inspire de leurs préceptes, mais les montre de manière beaucoup plus simple, sans vous demander de sacrifier votre conception du monde pour arriver à un résultat tangible. Malgré tout, si vous voulez poursuivre votre quête au-delà de ce livre, vous vous apercevrez que les techniques qu'il présente constituent un excellent point de départ.

Je dois aussi préciser que je m'intéresse aux bénéfices temporels, émotionnels et physiques de la méditation. Je ne suis pas un gourou, je ne veux surtout pas le devenir, je n'ai pas plus que d'autres reçu de révélations cosmiques ; et je n'ai pas de meilleures réponses que tout un chacun sur le sens de la vie. Qu'on se le dise.

Je n'ai à offrir que le résultat de mes investigations, qui ont porté sur la plupart des méthodes de relaxation et de méditation. Cet ouvrage vous permettra d'obtenir plus de bienfaits de la vie, de surmonter les tensions et les souffrances du monde moderne, de mieux vous comprendre, vous accepter. Et ce n'est déjà pas mal ! Mon principe du calme n'apporte pas grand-chose de neuf. J'ai emprunté à chacun de manière éhontée (c'est ce qu'on appelle d'ordinaire la « recherche personnelle ») : ascètes, philosophes, mystiques, écoles de méditation, je les ai tous mis à contribution. *Le Principe du calme* expose des théories et des méthodes qui font leurs preuves depuis plus de cinq mille ans. Les disciples de certaines écoles de méditation retrouveront parfois des similitudes avec leur pratique. Pour eux aussi, j'espère que cet ouvrage sera plus facile à comprendre et à mettre en œuvre. Il existe des centaines de religions, de groupes, de communautés qui partagent les mêmes objectifs que nous, mais, et j'insiste, je n'ai rien en commun avec eux. Ma méthode n'attend de vous aucun engagement spirituel, aucune éthique, aucune morale. Elle ne demande qu'un peu de temps chaque jour, elle ne remet pas en cause, mais conforte, votre mode de vie. Votre objectif est certainement d'améliorer votre qualité de vie. Mener une existence plus heureuse, plus riche de sens, avoir une meilleure santé, sont des idéaux que partage toute l'humanité, mais combien d'entre nous sont prêts à s'atteler à cette tâche avec assez de détermination ? Combien de fois décidons-nous de prendre des mesures radicales, avant de renoncer très vite, parce que la nouveauté et l'effort lassent ? Puis nous retentons autre chose, nous arrêtons aussi rapidement, ou, pis, nous renonçons à tout travail pour revenir à la situation antérieure.

Avant d'aller plus loin, je vous conseille de réfléchir à ce que vous attendez d'un tel ouvrage. Une nouvelle expérience ? L'amélioration de votre existence, vous sentir à l'aise dans vos baskets ou vos souliers Richelieu, être plus détendu, plus serein, plus heureux, enrichir vos relations avec autrui ? En savoir plus ? Trouver un nouveau sens à votre vie ? Un moyen pour vous en sortir ? Cherchez en vous la réponse. Dernière question : abordez-vous ce livre l'esprit ouvert, ou avec des idées préconçues ?

Il est important que vous identifiiez vos besoins et vos attentes, car si vous ne savez pas où vous allez vous ne parviendrez nulle part. Soyez conscient de vos motivations, vous arriverez à votre but. Cela semble élémentaire, mais c'est essentiel, surtout lorsqu'il s'agit d'une expérience aussi subtile que celle que vous fera vivre *Le Principe du calme*. Car ces exercices simples ont des effets profonds, positifs. Le seul obstacle réside dans vos attentes. Que vous ayez des idées précises sur la manière dont cette technique agira en vous, et vous serez perturbé, déçu. Oubliez ce que vous avez entendu ou lu, soyez sans attente, sans idées préconçues, vous trouverez ce que nous cherchons tous. Oh ! ni expériences ésotériques, ni vide parfait, ni nirvana ; et pas d'envoûtement mystique. Il n'y a aucun miracle à attendre de cet ouvrage, l'acheter ne délivre aucune bénédiction, du moins immédiate. Vous n'éprouverez aucun frisson mystique, vous ne ferez pas d'expériences délirantes. Cela serait sans doute un meilleur argument de vente de promettre un résultat instantané et permanent, avec un minimum d'application et d'efforts. De tels miracles se produisent peu dans la vie réelle. Même si nous le désirons ardemment, il n'y a pas de raccourcis sur ce chemin. Vous voulez une vie meilleure ? Alors travaillez, faites des efforts, passez-y du temps. Avec un esprit ouvert, un désir de réussir sincère et la bonne technique, vous atteindrez votre but, ce qui aura des effets très positifs sur votre vie.

La technique du calme est si simple et si facile à se rappeler que vous pourriez l'apprendre en deux minutes. Alors, pourquoi un livre ? D'abord, parce qu'il est important que vous compreniez ce qu'apportent les exercices avant de les commencer. Ensuite, parce qu'il est difficile de se déshabituer des techniques aberrantes que l'on enseigne à ceux qui s'engagent sur cette voie. Il est donc impératif de bien commencer dès le début… et donc de lire ce livre en entier. D'ailleurs, cela ne vous demandera que deux ou trois heures. Pour obtenir les meilleurs résultats possibles, lisez dans un endroit paisible et silencieux, à l'écart de la foule, de la circulation et de la télévision. Je ne crois pas qu'il puisse y avoir d'ouvrage sur le calme sans une exhortation à la patience, et à aller jusqu'au bout : aussi, je vous demande de vous abstenir de commencer les exercices sans avoir terminé votre lecture.

Le Principe du calme a beaucoup à offrir. Il vous sera forcément utile, et vous en verrez vite les bénéfices. Vous trouverez l'apprentissage facile… Mais l'auteur que je suis est maintenant impatient de commencer. Alors, tournez la page.

PREMIÈRE PARTIE

1
Le principe du calme

« Voir le monde dans un grain de sable,
Le paradis dans une fleur sauvage,
Tenir l'infini dans le creux de sa main,
Et saisir l'éternité en une heure. »

William BLAKE

De quelques idées reçues sur la méditation

Ce livre traite de méditation.

Aujourd'hui, pour nos contemporains, entendre le simple mot « méditation » suffit pour qu'ils saisissent leur téléphone et appellent la police, tout en grognant de vagues incantations sur les cultes secrets, les sectes, le manque de sommeil, la carence en protéines. Ce mot évoque des robes safran, des parfums d'encens, des incantations, des prières, des cultes secrets (je n'en ai rencontré aucun), et toutes sortes de galimatias extrême-orientaux. Certes, l'essentiel des recherches qui ont permis la rédaction de ce livre a été conduit dans cet environnement; mais le résultat est dépouillé de toute spiritualité.

On croit que la méditation est inextricablement liée à la quête de sens et à la pratique religieuse. Si ces croyances perdurent, c'est parce qu'elles viennent en grande partie de l'attitude ésotérique et des méthodes de recrutement des organisations qui enseignent cette discipline, et non de son essence même. Foi, rites, philosophies diverses ne sont pas essentiels pour que la méditation soit efficace. Les bénéfices physiques et émotionnels, même s'ils ne sont pas nécessairement le septième ciel auquel cette pratique permette d'accéder, constituent en eux seuls des raisons suffisantes pour s'exercer. Le principe du calme doit vous permettre d'obtenir les bénéfices séculaires de la méditation, sur les plans à la fois émotionnel et physique. Son intention première est d'améliorer la qualité de la vie, la santé et la compréhension du monde. On y parvient grâce à un état physiologique que nous appelons «état de calme qui, comme son nom l'indique, est un sentiment intérieur de paix et de sérénité. Lorsque vous le connaîtrez, les problèmes liés au stress régresseront, disparaîtront. Vous vivrez un certain bien-être, reprendrez confiance en vous, et cela nous ramènera des années en arrière. Vous dormirez mieux, mangerez mieux, vivrez mieux. En bref, vous aimerez la vie.

Pour ceux qui sont attirés par la spiritualité, la méditation peut apporter de grands bénéfices, mais sur un autre plan. Ceux-là doivent considérer le principe du calme comme un premier pas sur un sentier long et difficile. La technique du calme les aidera à se libérer pour atteindre leurs buts. Lorsqu'ils la maîtriseront, ils l'associeront à la prière, à la lecture de textes religieux, elle leur servira dans toutes leurs aventures spirituelles.

Qu'est-ce que la méditation ?

Posez cette question à mille personnes qui la pratiquent, vous aurez mille réponses différentes. Cela n'est guère surprenant, car les expériences qui se produisent dans un cerveau sont personnelles et subjectives. Ce que la méditation apporte à l'un peut avoir peu en commun avec ce qu'elle fait pour l'autre. Attentes et jugements variant énormément, on comprend pourquoi la plupart des écoles de méditation ont recours au mysticisme et restent dans le flou.

Qu'est-ce que la méditation ? La réponse (tautologique) la plus courante affirme qu'elle se définit par l'acte de méditer. Cela n'a rien d'une définition. Mais l'astuce est pardonnable car, de bien des manières, la méditation est aussi abstraite que l'amour, la jalousie, qui se décrivent eux aussi avec peine.

D'après la définition « cosmique », méditer est faire passer la conscience de « l'esprit bas » à « l'esprit haut ». Une analogie permet de saisir ces deux concepts : l'esprit bas correspond à ce que vous voyez autour de vous : la lumière, les arbres, les voitures, les embouteillages, etc. L'esprit haut correspond à un changement de perception, de point de vue, un peu comme si vous vous trouviez dans un satellite. Vous percevez une partie de l'univers ; votre environnement quotidien vous paraît moins important, et donc moins menaçant ; plus vous montez, plus votre horizon s'élargit. Explication céleste et grandiose, et qui l'est beaucoup trop pour qui aborde la méditation ou la pratique depuis longtemps.

La méditation est proche de l'idée d'être. Lorsque vous vivez l'instant présent, quand plus rien ne vous distrait, si vous n'êtes ni attaché au passé ni inquiet de l'avenir, si votre esprit et vos émotions vous servent et ne vous commandent plus, votre conscience « est », vous « êtes », vous vous ressentez pleinement. Cet état, c'est l'« être ».

Dans la méditation, vous réalisez pacifiquement quel est votre véritable moi, qui vous êtes, quels sont vos buts. Plus vous y recourrez, plus votre niveau de conscience s'élèvera. Inutile d'espérer un éclair qui vous permettra de crier : « Eurêka. Voilà qui je suis ! » ; il s'agit au contraire d'une expérience progressive, cumulative. En sachant ce qu'est votre « moi » réel, par opposition à la manière dont vous êtes ressenti par les autres et, surtout, à la personne pour laquelle vous voulez vous faire passer (fort, alors que vous ne l'êtes pas plus que la moyenne ; sage, alors que vous ne l'êtes pas plus que les autres), vous serez moins victime des tensions et angoisses de la vie moderne. Lorsque vous vivrez l'instant présent, vous apprécierez la vie pour le bonheur de ce seul moment, vous resterez insensible aux doutes et peurs avec lesquels vous vous débattiez précédemment. Vous accepterez que la vie ne se déroule pas comme vous le désirez, vous admettrez qu'il n'y ait aucun moyen de contrôler l'avenir, qu'il est inutile de s'attarder sur son passé. Vous aurez alors obtenu ce que la plupart des gens n'approcheront jamais : la paix intérieure.

La méditation est une méthode subtile et répétitive. Ce n'est pas une aventure unique qui transporte dans un monde d'extase cosmique. Mais il y aura des moments de béatitude, où vous perdrez conscience du temps, où cessera votre agitation mentale, votre monologue intérieur. Par instants, vous perdrez même conscience de votre moi, tout en étant plus vivant, plus conscient que jamais. Ce sont à ces instants où vous vous contenterez d'être, et ils seront les moments les plus précieux de votre moi. Lorsque l'esprit est apaisé, que les distractions et influences extérieures sont éliminées, vous entrez en contact avec l'essence de votre être, vous comprenez véritablement le sens de la paix.

Pourquoi l'expression « technique du calme » ?

Si je ne devais vous donner qu'une chose, ce serait le sens du calme. Alors, les journaux pourraient annoncer l'apocalypse, les prix flamber, votre gagne-pain être menacé par les ordinateurs et les robots industriels, le monde entier plongé dans le désespoir, vous serez confiant, satisfait et vous vivrez à fond. Vous éprouverez de l'enthousiasme pour cet état « normal » que peu connaissent. Vous attendrez le lendemain avec un sentiment d'aventure et de jeunesse, peut-être oublié depuis longtemps.

Plutôt pas mal, non, pour du calme ?

La technique du calme vous permettra de développer ce sens. Le calme, c'est l'état dans lequel vous êtes lorsque vous pratiquez. Le calme, c'est à la fois l'exercice et son résultat. Cet état est simple, facile à obtenir, a des effets dans toutes les dimensions de la vie.

La technique du calme est une méthode de méditation simple qui, avec un peu de persévérance, améliore la façon de penser, de sentir, d'agir. En effectuant les exercices, vous expérimentez le potentiel de l'état de calme, vous bénéficiez sans devoir adhérer à une quelconque religion des avantages que toutes les écoles de méditation vous ont toujours promis depuis la nuit des temps.

La simplicité est la clé de la technique du calme. Chaque étape est décrite clairement. Les élèves de cette technique qui s'étaient essayés à d'autres méthodes s'accordent généralement à dire que la facilité de celle-ci renforce son efficacité.

Comme je l'ai dit (et le répéterai!), la technique du calme fonctionne vraiment! Vous la trouverez facile à comprendre et à appliquer, et vous commencerez à en ressentir les bénéfices dès votre premier essai, lesquels ne cesseront de croître et de se multiplier au fur et à mesure de votre pratique.

2
Le problème du stress

« Pour celui qui a conquis son propre esprit,
celui-ci est le meilleur ami qui soit;
mais pour celui qui n'y est pas parvenu,
l'esprit est son plus grand ennemi. »

Sri KRSNA

Quelle est la mauvaise nouvelle que nous allons découvrir dans le journal du matin? Croyez-vous que l'effet de serre soit un plus grave danger que le sida? Que le nombre croissant des sans-abri est plus inquiétant que l'augmentation du chômage? Ajoutez à tout cela les pressions familiales, les problèmes relationnels, le travail, vos ambitions, les soucis d'argent, de santé, les doutes, les petites angoisses de la vie quotidienne... Est-il si étonnant que vous soyez tendu? S'il y a jamais eu une période dans l'histoire où il ait été impossible d'échapper aux ravages du stress et aux tensions, c'est bien l'époque moderne. De nos jours, le stress est une menace aussi grave, sinon plus, que la peste au XVIIe siècle. Et, tout comme il fallut s'adapter pour combattre ce fléau, il nous faut changer notre mode de vie.

Le stress est le premier facteur de maladie et de trouble du monde occidental : hypertension, durcissement des artères, maladies cardiaques, migraine, et même cancer. Il réduit la résistance aux infections, contribue à favoriser malaises et désordres sociaux. Il provoque indigestions, constipations, palpitations, insomnies et impuissance. Il joue un rôle important dans les tentatives de suicide. Il aggrave tous les types de souffrances et de maladies, et pourtant, il ne nous semble pas aussi effrayant que le cancer ou la lèpre. Telle est la nature ambivalente du stress.

Contrairement à d'autres maux, le stress ne passe pas avec le temps, il s'auto-alimente. Il se renforce de jour en jour, jusqu'à exercer une influence majeure sur votre esprit et votre corps, au point de dominer vos actions, vos émotions, vos pensées. Contrairement à une idée répandue, ce phénomène est plus physiologique que psychique. Comme tous les êtres vivants, les êtres humains possèdent l'équipement biologique nécessaire pour faire face à intervalles réguliers au stress. Confronté à un animal hostile ou à un adversaire, l'homme primitif avait le choix pour sauver sa vie : rester et combattre, ou s'enfuir. Son corps était prêt pour cette éventualité. Par réflexe, les glandes sécrètent de l'adrénaline, les muscles se tendent, le pouls et la pression artérielle augmentent, la respiration s'accélère. L'homme est parfaitement adapté au combat ou à la fuite.

Dans la vie quotidienne, le moindre incident, dispute ou erreur, active ce mécanisme. Le réveil ne sonne pas le matin ; vous ne trouvez pas de chemise propre ; les ordures n'ont pas été ramassées ; le train est parti sans vous ; le contrôleur est agressif ; vous êtes en retard ; vous avez fait une gaffe et votre meilleur ami est fâché ; vous ne savez pas si vous allez terminer votre programme de travail cette semaine ; vous êtes l'objet d'une rumeur calomnieuse au bureau. Toutes ces pensées se succèdent en vous : et il n'est que 9h30 !

Chacun de ces incidents mineurs active le mécanisme « fuir ou combattre » de votre organisme. Vous subissez cette transformation biologique des dizaines de fois pendant la journée. Pourtant, il y a une grande différence entre vous et l'homme primitif. Lui pouvait résoudre la plupart des conflits en optant pour une solution qui impliquait un acte physique. La tension musculaire consommait les substances chimiques liées au stress produites par le corps, cela lui permettait de se calmer vite. Aujourd'hui, les choses ne sont plus aussi faciles. Le mécanisme de production d'adrénaline est certes activé, mais en ce XXIe siècle, vous devez rester impassible, assis derrière votre bureau, dans votre voiture ou debout derrière votre comptoir. La seule action que vous pouvez effectuer, c'est penser. Vos nerfs et vos muscles sont prêts à bondir, mais vous ne pouvez rien faire, et ne devez surtout rien manifester. Vous êtes enfermé dans une situation passive. En état de stress. Sans qu'il soit possible de le réduire dans l'immédiat.

Alors, qu'y a-t-il d'étonnant à ce que le stress atteigne des sommets intolérables ? Ce livre vous aidera à l'éliminer.

Tout le monde admet qu'il est possible de vivre sans stress. Pourtant, comme la plupart d'entre nous, vous n'êtes sans doute pas préparé à effectuer (ou ne le pouvez pas) les considérables modifications de votre mode de vie que cela implique. Pas plus que moi, vous n'avez envie de changer de métier, de conjoint ou de pays. Vous n'êtes pas prêt à bousculer votre régime alimentaire, à diminuer votre prise de nourriture, à renoncer au bon vin, à vous astreindre à pratiquer un sport au moins une demi-heure par jour, à n'avoir que des pensées positives, à dormir huit heures par jour, à boire cinq litres d'eau sans fluor au quotidien.

Si, par bonheur, il y avait des méthodes moins totalitaires…

Or, il y en a. Il est possible de se débarrasser peu à peu du stress sans révolutionner son mode de vie, d'affronter le monde de manière calme et détendue, de gérer les tensions du monde moderne… bref, de mener une existence paisible, confiante et heureuse, en vivant sans limites. Le tout, avec un minimum de conseils et, finalement, en faisant peu d'efforts…

Le principe du calme change votre état d'esprit. Et quand vous êtes paisible, votre vie sera plus calme. Cela influencera votre santé. Vous avez déjà remarqué que les gens heureux, faciles à vivre, consomment moins de médicaments que les personnes amères, névrosées ou angoissées. Bien sûr, vous pouvez rétorquer que les secondes ont sans doute de bonnes raisons de se plaindre, que ce sont des faits qui sont à la source de leur humeur, de leurs plaintes, et non l'inverse. Pourtant, l'état d'esprit (comprenez le stress) a un effet négatif sur l'organisme. Il favorise malaise et maladie, inhibe les facultés immunitaires, ralentit les processus de guérison.

La méditation, qui développe une prédisposition mentale propice à la santé, est le meilleur antidote au stress. Elle disperse le stress accumulé. Méditez sincèrement, consciencieusement, et un jour viendra où vous ne serez plus victime de ce mal.

3
Les bénéfices

*« Celui qui maîtrise les autres a de la force ;
Celui qui se maîtrise lui-même est fort ».*

Poème taoïste

Qu'apporte la méditation ?

Ses bénéfices ne sont plus à prouver. Même si certains imaginent volontiers qu'elle est la pratique favorite des ex-hippies et adeptes de sectes fanatiques, les gens y recourent de plus en plus, dans le cadre d'activités créatives ou thérapeutiques, quel que soit leur parcours individuel. Et cela est tout à fait honorable. Vous vous sentirez mieux après vingt minutes de méditation qu'après douze heures de sommeil. Certes, la méditation n'a pas pour but de remplacer celui-ci, mais elle laisse plus reposé, plus détendu, plus dynamique que lui.

Les bénéfices que vous tirerez du principe du calme sont nombreux. Miracle ? Non. Vous ne serez plus submergé par de profonds bouleversements physiques ou émotionnels. C'est un processus lent, subtil, progressif et cumulatif, qui ne donne tous ses effets qu'à long terme.

Imaginez que vous suivez un entraînement. Commencez par vous dire que l'exercice vous fera du bien, mais prenez conscience que vingt minutes par mois n'y suffiront pas. Quand vous voulez que vos muscles grossissent, vous vous entraînez régulièrement, n'est-ce pas? Et ils s'épaississent. C'est la même chose avec la méditation. Au bout de quelque temps, vous sentez les premiers progrès. Vous êtes détendu, vous mangez et dormez mieux. Vous avez beau travailler tous les jours, vous vous sentez de plus en plus en forme.

Deux mois plus tard, vous pensez être au meilleur de votre condition (même si le bon sens vous dit qu'il vous reste encore beaucoup de chemin). Mais, à présent, les progrès quotidiens ne sont plus aussi remarquables. La nouveauté se transforme en routine. Vous entraîner ne vous paraît plus aussi important. C'est alors que vous avez besoin de détermination. Car vous êtes à un tournant. Ou vous continuez à travailler, ou vous cessez, et vous retournerez en arrière. La tentation est grande… Vous vous dites que vous n'avez plus besoin d'exercice, que vous êtes en pleine forme, que tout cela est désormais une perte de temps. Manquant de résolution, vous décidez de vous accorder de petites vacances, bien sûr «inoffensives». Mais si vous arrêtez le programme à ce stade, vous vous apercevrez vite qu'il était très bénéfique. Il sera alors trop tard, et il vous faudra tout recommencer, repartir pour deux, voire trois mois. Si, au contraire, vous avez redoublé de persévérance, vous serez beaucoup plus proche du but.

Le principe du calme suppose un entraînement. Il s'agit ici d'exercer l'esprit à régler vos émotions. Comme dans le sport, il y a des résultats immédiats. Ensuite, on devient impatient, ou blasé. Si on persévère, en sachant qu'à long terme l'effort en vaut la peine, on note des améliorations significatives. On est plus détendu, mieux apte à réagir aux tracasseries quotidiennes, on apprécie davantage la vie. L'esprit est plus vif, plus créatif. On a davantage d'énergie, on est en meilleure santé, on se comprend de mieux en mieux, on comprend mieux les autres. Bref, on s'épanouit.

Le processus physiologique

Depuis que l'Occident s'intéresse au yoga, c'est-à-dire depuis un siècle, plusieurs études ont eu lieu sur les phénomènes physiologiques qui accompagnent la méditation. Les premières recherches exhaustives ont été conduites à la fin des années soixante, dans de grandes universités médicales des États-Unis, qu'il s'agisse d'Harvard ou de celle de Los Angeles. Il y a de nombreux ouvrages à ce sujet si l'on souhaite approfondir la question. Dans celui-ci, nous nous contenterons d'une synthèse des résultats.

La méditation produit un état de relaxation profonde (l'état de calme) où, contrairement au sommeil et à l'hypnose, l'esprit reste éveillé et en alerte. Pourtant l'organisme subit des changements profonds.

Les ondes qu'émet le cerveau changent de nature. Il y a augmentation des ondes lentes, dites alpha, lesquelles ne naissent que lorsqu'on est parfaitement détendu; il y a apparition d'ondes delta, qui sont liées aux phases de sommeil profond. Le schéma organisationnel de ces émissions indique que l'esprit est en alerte, et, simultanément, en grande relaxation. Pourtant, selon les normes physiologiques, cette association est impossible. Pour obscurcir encore le mystère, on ne remarque pas de mouvement rapide des globes oculaires, comme lors du sommeil paradoxal.

Le métabolisme est aussi modifié (c'est pourquoi il faut éviter de méditer juste après les repas). La consommation d'oxygène diminue d'environ 20 %, et la production de monoxyde de carbone baisse également (même lors des phases de sommeil profond, ces chiffres ne descendent pas si bas). Les rythmes cardiaque et respiratoire ralentissent de manière extraordinaire. L'acide lactique dans le sang diminue de 50 %, près de quatre fois plus que lors d'un état de profonde relaxation (on produit cet acide lors des épisodes « fuir ou combattre », et il accompagne les états d'anxiété, de tension et de fatigue). La pression artérielle tombe. La résistivité électrique de la peau augmente (alors que la tension et l'anxiété produisent une diminution de la résistance électrique).

Ces phénomènes accompagnent la sensation de calme, d'harmonie, de bien-être. La technique du calme produit donc des réponses totalement inverses à celles provoquées par la situation « fuir ou combattre » ; c'est pourquoi elle est mise à contribution pour lutter contre le stress.

Au bout de quinze jours de pratique, estimez, à l'aide de la liste suivante, vos progrès. Ceux-ci apparaissent dès le début, les avancées les plus décisives ne se réalisant qu'avec le temps et de la persévérance.

AMÉLIORATIONS PSYCHOLOGIQUES ET ÉMOTIONNELLES ASSOCIÉES AU PRINCIPE DU CALME

- Vous êtes plus positif.
- Vous êtes plus dynamique, en meilleure santé, plus heureux.
- Vous êtes plus apte à vous sortir des situations difficiles.
- Votre vigilance a augmenté, vous agissez et pensez avec plus de créativité.
- Vous mangez mieux, dormez mieux, aimez mieux.
- Vous êtes plus tolérant.
- Vous appréciez mieux la vie.

Comment un « simple » exercice peut-il apporter autant ? Comment croire qu'une technique mentale aussi aisée possède de tels bénéfices ? Mais c'est le cas, et plus vous vous familiariserez avec elle, plus vous vous rendrez compte à quel point ils sont faciles à obtenir.

Nous avons évoqué les modifications physiologiques qui se produisent lorsque vous pratiquez le principe du calme. Pendant vos vingt minutes de méditation passive, votre état physique s'inverse totalement par rapport à celui qui est le vôtre quand vous êtes tendu ou anxieux. Ces phénomènes sont dus au calme qui sourd de votre esprit, ils ne sont pas la conséquence d'une intervention divine ou d'un quelconque processus mystique, mais de cet état d'esprit auquel on ne parvient qu'à travers la méditation.

Plus haut, nous avons parlé de résultats moins tangibles, tels les bienfaits émotionnels et spirituels. De toute évidence, en cette matière, ils ne pourront jamais être quantifiés. Aucun scientifique, aucun système d'électrodes ne pourra jamais mesurer les modifications des émotions, des attitudes qui se produisent au plus profond de l'esprit en méditation. Ces changements ne sont expérimentés que par ceux qui méditent. Songez pourtant que, au cours des siècles, la crédibilité de la méditation n'a reposé que sur les expériences de ceux qui l'ont pratiquée. Les mesures scientifiques ne datent que de quelques décennies.

Comment ces changements se produisent-ils ?

Le point commun des techniques et pratiques de méditation réside dans le fait que l'exécutant focalise sur un seul objet toutes ses forces. Il existe de nombreuses formes de méditations, structurées ou non, actives ou passives ; mais elles partagent toutes cet objectif : la concentration sur un seul objet. Il vous faut apprendre à concentrer votre attention sur un même point, à vous focaliser. Le principe du calme vous dira comment faire. Ce talent qui s'acquiert produit un calme merveilleux, un état d'esprit équilibré, vous aide au quotidien.

Comment la concentration peut-elle apporter autant ? Il semblerait que s'absorber sur une seule chose libère l'esprit de ses conflits, de ses distractions, à tel point que corps et mental marchent en synergie. Les mystiques orientaux prétendent depuis des siècles que c'est notre état naturel, que c'est ainsi que nous devrions fonctionner en permanence.

Pensez à la mécanique de votre esprit quand vous êtes anxieux. Les pensées affluent de plus en plus, sautent du coq à l'âne. Le passé vous obsède, vous vous inquiétez pour l'avenir. Plus vous essayez de réfréner ces idées, plus leur nombre s'accroît. Puis, tandis que votre attention afflue et reflue dans des centaines de directions, votre anxiété augmente encore… La crise approche : « Il faut que je finisse ce travail avant la fin de la journée… Où ai-je mis mon stylo ?…. Ai-je bien débranché le fer à repasser ? Il faut que je me calme… Il faut que je sois plus brillante… J'ai vraiment fait mauvaise impression la dernière fois… Flûte, j'ai oublié de passer à la teinturerie ! Il faut que je me détende… Je dois avoir un ulcère… Il faudrait que je consulte un médecin… Où est passé le papier à en-tête ? On ne trouve jamais rien quand on en a besoin… Il faut absolument que je range ce tiroir… J'ai grossi… Je ne sais pas comment je vais payer la facture d'électricité… Il faut que je me calme… » Vous ne pouvez pas faire taire votre esprit, vous ne pouvez pas vous endormir.

Imaginez votre paix intérieure si vous n'étiez pas perturbé par ces parasites. Imaginez que vous n'avez qu'une seule chose en tête, que vous ne vous consacrez qu'à un objet, sans penser à ce que vous avez fait la veille ou ferez le lendemain ; imaginez que vous n'êtes pas perturbé par ce qui se passe dans la pièce voisine, que vous pouvez vous concentrer. Peut-être pensez-vous impossible de ne rien avoir à l'esprit, ne serait-ce qu'un instant ? Cette paix n'a-t-elle pas quelque chose du paradis ?

Se concentrer sur une chose, c'est comme n'avoir rien à l'esprit. En fait, par sa nature même, la pensée est mouvement. Son existence même dépend des constantes pérégrinations des idées ; elle est un processus dynamique. On va d'un point à un autre, on explore les concepts. Si, par un moyen, on bloque cette agitation et que l'esprit n'est plus occupé par des pensées non sollicitées, il devient vite immobile. Il ne reste que la conscience. Quand vous parvenez à l'absence de pensée, vous êtes dans la conscience, vous comprenez ce qu'est votre esprit, ou, plus important, qui vous êtes.

Contrairement à une opinion répandue, l'esprit n'est pas le siège de la vérité et de la compréhension, il n'est que l'activité inconsciente des idées. Combien de fois avez-vous pensé que votre cerveau vous jouait des tours, que vous vous égariez, que vous n'en croyiez pas vos yeux ? Si votre esprit était votre maître et non l'agitation mentale, pourquoi seriez-vous ligoté dans votre ego, à vouloir plus d'argent, une automobile plus grosse, à désirer paraître plus important ? Pourquoi vous diriez-vous malade, alors que vous souhaitez seulement que l'on s'occupe de vous ? Que vous avez faim alors que vous n'êtes que désœuvré ? Que vous aimez tel homme ou telle femme, alors qu'il ne s'agit que de justifier une pulsion sexuelle ? Que vous détestez les riches, alors que vous les enviez ? Que vous voudriez être mince, alors que vous voulez simplement être bien dans votre peau ? Si vous vous dirigiez, vous n'auriez pas à vous dire tout cela, à vouloir changer votre façon de penser, sans y parvenir…

Lorsque vous calmez vos ruminations mentales, vous êtes capable de grandeur. Lorsque votre esprit vous contrôle, vous êtes l'esclave de votre ego et de vos sens. En vous apprenant à vous focaliser, le principe du calme donne la primauté à la conscience de soi, apaise l'esprit, élève.

Tout ce discours risque de faire croire que ma technique n'est qu'une nouvelle échappatoire. Rien n'est plus faux. Le processus de méditation est une discipline qui exerce l'attention et améliore la qualité des pensées. Il développe vos facultés de compréhension et renforce votre potentiel intellectuel. Et, avec le temps, c'est un moyen très fiable de différencier fantasme et réalité.

N'avoir qu'une chose à l'esprit

Malgré sa simplicité apparente, c'est l'une des choses les plus difficiles à réaliser. Les grands athlètes y parviennent parfois ; les savants et les grands philosophes aussi, peut-être. Mais les gens ordinaires comme vous et moi doivent s'exercer. Si vous trouvez que j'exagère, faites ce test : pensez à un œuf. Juste à un œuf. À rien de plus. Pas à la poule, pas au coquetier, pas au prix de l'œuf. Fermez les yeux, visualisez un œuf et, pendant deux minutes, ne pensez qu'à lui. Sans qu'aucune autre pensée ne vous traverse l'esprit.

Oui, fermez les yeux.

C'est presque impossible ! Pourtant, vous avez pris cela pour un jeu d'enfant. Vous avez pensé qu'il fallait vous concentrer. Vous vous êtes demandé si vous étiez assis comme il fallait, si les deux minutes étaient terminées. Vous vous êtes félicité de voir que c'était aussi facile... Et vous avez sans doute eu une centaine d'autres idées... Pour l'esprit humain, il est presque impossible de se concentrer sur une idée unique pendant un certain temps. À moins d'être entraîné.

Les sportifs de haut niveau le savent parfaitement. Le boxeur tape sur son punching-ball pendant des heures pour ne plus penser, oublier la douleur et la fatigue. Le marathonien court au même rythme, jour après jour, pour ne plus penser à sa foulée, à sa douleur, mais se concentrer sur son horloge interne. Vous pratiquerez la technique du calme tous les jours, pour ne plus avoir à réfléchir, pour focaliser toute votre conscience sur l'être.

Vous avez sans aucun doute entendu parler de l'état second du coureur de fond qui fait l'expérience alors d'une sorte de transe, éprouve une sensation de bien-être et de soudaines intuitions. Cela se produit aussi au cours de la technique du calme. Les similitudes ne s'arrêtent pas là : l'habitué de la méditation se sent frustré, tout comme le coureur blessé privé d'entraînement, s'il ne peut pas méditer pendant une journée. Comme l'athlète bien entraîné, il développe ses capacités à s'adapter à toutes les situations, et à aimer la vie. En acquérant une meilleure santé, il élimine le stress. En outre, la technique du calme est beaucoup plus efficace que le sport, et fait moins mal aux pieds !

Combien de temps faut-il ?

Le plus gros problème de l'homme du XXIe siècle est l'impatience. La culture occidentale est très orientée vers les résultats immédiats, la réussite rapide. La mentalité publicitaire et journalistique, qui veut que toute information soit émise sous forme de spots distrayants, fait primer le spectacle sur la réflexion, altère notre capacité à appréhender les choses avec la profondeur qu'elles méritent souvent. Notre capacité d'attention s'est réduite de façon dramatique, tout comme notre faculté à persévérer dans nos activités.

Cette mentalité explique la prolifération des cours de développement personnel (dont ce livre fait partie). Beaucoup de gens ont envie de s'améliorer, mais il leur manque la persévérance. Ils passent donc d'une solution à une autre, espérant trouver un chemin plus facile, plus rapide, obtenir des résultats mirobolants au prix de peu d'efforts : c'est le mythe du succès instantané, la recherche du nirvana en restant au lit. D'autres disciples du développement personnel tombent, eux, dans le piège des sectes, qui leur promettent des solutions rapides. Fanatisme ou dilettantisme, tels sont les deux extrêmes auxquels conduit cette attitude.

La technique du calme ne se prête pas au fanatisme, car peu de mystère l'entoure. Aussi, je crains qu'elle n'attire les dilettantes : ses bienfaits sont trop rapides, et on peut la reprendre avec succès malgré de longues périodes d'abstinence. Mais, comme ses plus grands bénéfices sont réservés aux persévérants, les dilettantes ne profiteront que d'une infime fraction de ses avantages. Détermination, travail et pratique régulière apportent des résultats à long terme, sans comparaison possible avec les quelques avantages immédiats.

Ils seront évidents dès l'instant où vous pratiquerez. Ils seront peut-être subtils, mais ils vous détendront, seront agréables. Au bout de quinze jours, vous ressentirez un indéniable sentiment de bien-être, vous serez plus à l'aise avec les autres, vous vous sentirez davantage en harmonie avec vous-même. Si vous fumez, buvez ou mangez à l'excès, vous aurez envie d'abandonner ces mauvaises habitudes. Attention : la technique du calme n'est pas une méthode pour cesser de fumer ou de boire. Elle aide, mais n'est pas une cure en soi. Pourtant, mieux vous la connaîtrez, plus il vous sera facile de lutter contre vos petites faiblesses.

Au bout de quelques semaines, les progrès sont moins tangibles que les premiers jours, vous ressentirez probablement une certaine impatience. À ce stade, l'attitude du dilettante consiste à décider que cela ne va pas assez vite, qu'il faut se tourner vers une nouvelle pratique. Mais la seule solution réside dans la persévérance. Il n'y a aucune méthode de méditation ou de développement de la personnalité qui produise des résultats renversants du jour au lendemain. Le principe du calme peut bouleverser votre vie, mais il lui faut du temps. Et, tout comme la méditation n'a pas de but en soi, il n'aura pas forcément de fin. À aucun moment de votre vie, vous ne pourrez affirmer : « J'ai réussi », car le processus est continu. Comme l'exercice physique, le principe du calme implique de s'exercer toute sa vie.

Autour de vous, des groupes religieux, des personnalités, promettent une révélation instantanée et un soulagement immédiat. Ces affirmations ne sont que poudre aux yeux. Même lorsqu'il s'agit d'un simple exercice pour diminuer le stress ou le supprimer complètement, les résultats ne sont jamais instantanés, car on n'obtient rien sans effort. C'est sans doute plus facile que vous ne l'imaginez, mais cela prend néanmoins du temps et exige de la persévérance.

Avant de décider que c'est trop difficile, laissez-moi vous rassurer. Après un mois de principe du calme, vous aurez envie d'en faire une activité continuelle. Poursuivre ne vous apparaîtra pas comme un fardeau, mais comme un plaisir. Vous attendrez avec impatience ces moments de paix et d'harmonie (de relaxation) que la vie moderne offre si peu. Et plus vous serez à l'écoute de votre corps, mieux vous comprendrez à quel point le principe du calme vous est indispensable. Tout comme le coureur a besoin de son entraînement, vous aurez besoin de méditer.

Combien de temps demande cette pratique ? Un jour ? Toute une vie ? Quinze à trente minutes, matin et soir. La plupart des gens en consacrent vingt à chaque fois, mais c'est vous qui déterminerez la durée idéale ; au bout d'une semaine, vous la connaîtrez, et vous devrez vous y tenir. Si c'est vingt minutes, cela devra être vingt minutes à chaque fois car, même si le principe du calme n'implique aucune contrainte, c'est une discipline en soi. C'est grâce à la régularité, à la détermination, qu'arrivent les bienfaits. Attention : le moment des séances doit être choisi en fonction de ses besoins, et non selon les contraintes de son emploi du temps.

Pour commencer, fixons donc la durée normale d'une séance à vingt minutes (vous pourrez la moduler ensuite dans un sens ou un autre). Il est préférable de s'y consacrer matin et soir, avant les repas si possible, dès que vous le pouvez. Comme à la fin de la séance vous serez plus en éveil qu'avant de commencer, il est préférable de pratiquer votre séance de méditation quelques heures avant le coucher (mais seule l'expérience dira si ce conseil vaut pour vous).

Vingt minutes, deux fois par jour, cela vous semble sans doute entamer la journée. C'est vrai. En compensation, vous vous sentirez mieux après votre séance du matin, et vous dormirez bien, une fois faite celle du soir. Vous verrez qu'il est même intéressant de remplacer une demi-heure de sommeil par le même temps de méditation. Car une personne détendue dort mieux, a moins besoin de sommeil qu'une personne stressée. Deux séances par jour ne sont qu'un idéal : rien de plus. Si vous ne pouvez pas, vous ne pouvez pas.

Je dois souligner encore une fois les similitudes entre le principe du calme et un entraînement sportif. Les premiers effets arrivent dès le début ; ensuite, les bienfaits sont lents à venir, moins perceptibles… mais, à long terme, les avantages se cumulent à un tel point que vous n'en croirez pas votre corps, et que vous vous demanderez comment vous avez pu vous passer de ces techniques.

Même si vous éprouvez des doutes, je vous incite à poursuivre cette pratique pendant au moins deux mois. Ensuite, vous n'aurez plus besoin d'incitation, vous n'aurez plus envie d'arrêter.

Mais, surtout, apprenez à apprécier les moments que vous consacrez à la méditation, pour eux-mêmes. Ensuite, les bénéfices à long terme sur votre santé et votre psyché vous convaincront.

4
L'expérience

« *Sans franchir le seuil de votre porte,
vous pouvez tout savoir sur le monde.
Sans regarder par la fenêtre,
vous pouvez connaître le chemin du paradis…
Tout voir sans rien regarder.* »

George HARRISON, *The Inner Light*

Les effets produits

Nous avons passé en revue les modifications physiologiques qui se produisent lorsqu'on pratique le principe du calme. Nous avons vu que les bénéfices s'accumulaient grâce à une pratique régulière. Mais quel effet produit la méditation ? Quelles sensations donne-t-elle ?

De toute évidence, chaque individu réagit à sa façon. Pour beaucoup, les sensations éprouvées sont difficiles à exprimer. Demander à quelqu'un ce qu'il ressent pendant un exercice de méditation est la question la plus intime et la plus personnelle qu'on puisse poser. Pourtant, dans l'intérêt de la science, nous l'avons fait. Chacun s'accorde à dire qu'il est envahi par le calme et la paix intérieurs. Des sentiments qui, pour beaucoup, dépassent tout ce qu'ils ont connu. Pourtant, la majorité considère que ce calme est étrangement familier, comme s'ils l'avaient déjà vécu mais n'arrivaient pas à le faire revenir. Un homme a comparé ce qu'il ressentait à l'état d'un nourrisson : aimé, sans souci, heureux, satisfait. Un autre a décrit une sorte de néant : il était vide, détaché de lui-même, comme suspendu. D'autres adjectifs sont utilisés, comme radieux, pur, sensible, conscient, vivant. D'autres disent encore qu'ils ne sont « pas conscients de méditer », que « le temps semble arrêté ».

Il y a un lieu à l'intérieur de nous, où, à de rares occasions, nous nous sentons parfaitement en paix avec l'existence, complètement calme. Rêvons un instant, et voyons si nous pouvons recréer ne serait-ce que l'esquisse de ce sentiment. Je vous propose quatre scénarios, que vous pourrez essayer lorsque vous disposerez d'un moment de tranquillité (à faire dans une pièce à l'écart, à demi éclairée). Vous pouvez aussi en inventer un. Si vous choisissez un scénario de ce livre, mémorisez-le, fermez les yeux et projetez-vous dans l'une des situations suivantes.

1. Vous êtes un bébé de dix-huit mois, assis sur sa couverture préférée et sous un doux soleil. Vous venez de découvrir un nouveau jouet qui vous absorbe totalement. À tel point que vous ne voyez même pas vos parents qui vous regardent, rayonnants. Vous n'avez pas le moindre souci ; aucune inquiétude pour l'avenir, aucun regret du passé. Sur votre couverture, vous avez tout ce que vous désirez au monde : votre nouveau jouet.

2. Vous êtes un jeune homme (ou une jeune femme) allongé sur le dos dans un paysage de

campagne verdoyant. À côté de vous, se trouve la personne que vous aimez. Vous n'avez rien à faire, vous êtes en vacances. Vous ne pensez à rien, sauf que vous êtes content d'être là, sans parler, à partager ce moment de bonheur avec votre compagne (ou compagnon). Vous entendez des oiseaux chanter au loin. Vous regardez le ciel bleu ; un nuage solitaire le traverse lentement.

3. Vous faites une randonnée. La journée est très chaude. Il y a dix minutes, vous avez découvert un joli petit lac de montagne. L'air frais et humide vous revivifie. L'eau est profonde, mais limpide comme le cristal. Des fougères se reflètent à la surface, immobile comme un miroir, sauf près de la source qui se jette dans l'eau, à une centaine de mètres. Vous êtes stupéfait de voir une eau si calme et paisible.

4. Vous êtes allongé sur un matelas gonflable dans un lagon bien abrité du Pacifique. Vous êtes parfaitement en sécurité. Vous n'avez rien à faire. Le soleil est un peu trop chaud, mais pas assez pour vous brûler, et une brise légère vous rafraîchit. Vous entendez les vaguelettes qui tapent contre votre matelas et s'écrasent sur le rivage. De temps en temps, l'ombre d'un cocotier passe sur vous. Vous vous sentez un peu étourdi.

La plupart des gens trouvent que l'un ou l'autre de ces scénarios produit une brève expérience de paix et de calme. Si vous pouvez vous imaginer dans une de ces situations, même un bref instant, vous aurez une petite idée des sensations que produit la technique du calme (à un niveau superficiel, bien entendu).

Lorsque vous la pratiquez, vous vous sentez aussi apaisé que dans ces moments. Pourtant, en même temps, votre esprit reste très éveillé, mais sans pensée. Pendant un exercice de méditation idéal, aucun souvenir n'affleure, vous n'éprouvez aucun sentiment (ni positif ni négatif), vous oubliez ce qui se passe dans le monde, y compris le fait que vous ressentez sérénité et tranquillité. Cela ne signifie pas que vous faites l'expérience du « vide ». Vous êtes conscient, mais vous ne pensez pas.

Pourtant, il faudra beaucoup vous entraîner pour que la méditation vous conduise à cet état. Elle est un processus subtil. Vous connaîtrez des moments (au mieux quelques secondes, à chaque fois) pendant lesquels vous ne serez plus conscient, tout en restant éveillé. Au début, vous serez si impressionné par cette « réussite » que vous commencerez par vous féliciter... simple pensée, constituant une distraction, impliquant donc de recommencer! Pourtant, vous apprécierez tant ces instants que vous aurez envie de continuer, et plus vous le ferez plus ces moments de paix se multiplieront, se prolongeront. Cela ne veut pas dire que la méditation se limite toujours à des bonheurs fugitifs. Pratiquer vingt minutes et ne connaître que dix secondes de tranquillité absolue ne signifie pas que vous avez gaspillé dix-neuf minutes et cinquante secondes. Cette pause (sans compter les dix merveilleuses secondes) vous a renforcé.

Ces vingt minutes sont un temps agréable de relaxation profonde qui procure une sensation différente à chaque fois. Parfois, vous approchez la perfection, d'autres fois vous êtes très frustré. Acceptez votre méditation comme elle vient, soyez seulement un observateur objectif. Si vous essayez d'influer sur son issue, cela devient contre-productif : vous introduisez un élément de stress dans une activité censée être son antithèse.

Mes explications sur ce qu'on ressent en pratiquant le principe du calme laissent sans doute à désirer. Le calme est difficile à décrire. Essayez d'expliquer le bonheur, l'amour. Ils ne se mettent pas en mots. Vous pouvez trouver des formules très créatives, très expressives : il n'en reste pas moins qu'elles n'évoqueront rien à quelqu'un qui n'a jamais éprouvé ces sentiments.

Peut-être comprenez-vous mieux maintenant pourquoi on définit la méditation comme « l'acte de méditer » ?

DEUXIÈME PARTIE

5
La technique

« Le véritable amoureux de la connaissance est sans cesse à la poursuite de l'être. »

PLATON

La préparation

Nous abordons à présent l'apprentissage du principe du calme. Notre propos sera plus pragmatique et plus facile à suivre. Cependant, avant de passer à la section suivante, assurez-vous que vous avez tout compris.

Impérativement, votre première expérience du principe du calme doit bien se passer. Mais ne l'abordez pas avec anxiété, il ne peut rien vous arriver. Au pire, vous risquez d'en attendre trop et d'être un peu déçu. Alors, débarrassez-vous de tout préjugé, n'ayez aucune attente. N'espérez que passer vingt minutes dans le calme. Vous vous sentirez détendu une fois la séance terminée. Tout le reste ne sera que du bonus.

> **AVANT VOTRE PREMIÈRE MÉDITATION**
>
> - Ne pas consommer d'alcool ou de drogue pendant vingt-quatre heures.
> - Planifiez la séance à un moment où vous ne serez pas dérangé.
> - Vous devez être parfaitement reposé. Ne méditez pas si vous n'avez dormi que deux heures la nuit précédente.
> - Abordez la séance avec un esprit ouvert.
> - N'attendez pas trop de ce premier exercice.
> - Ne craignez rien : vous ne perdrez pas connaissance, il ne vous arrivera aucun mal.
> - Ne tentez pas l'expérience avant que je vous le dise !

Où pratiquer ?

Le principe du calme est une discipline. Elle doit devenir aussi une habitude. Pratiquez donc toujours au même endroit : dans la même pièce, assis sur la même chaise. Même si ce n'est pas essentiel, vous découvrirez que le lieu se met à dégager une aura de calme ; dans les moments où vous ne pratiquerez pas, ce petit coin sera votre retraite. Il n'y a rien de magique là-dedans, vous l'associez simplement avec un sentiment de paix et de calme... Élémentaire... La pièce doit être chaude, silencieuse, et réservée à cet usage. Il n'est pas nécessaire d'être dans le noir, car des lampes tamisées apportent une aide considérable dans les premiers stades de l'apprentissage. Vous découvrirez également combien les lumières aux couleurs chaudes sont relaxantes. Votre chaise doit être confortable, avec un dossier relativement droit. N'importe quel siège peut servir, mais je préfère personnellement les chaises assez dures au dos droit, car elles empêchent de somnoler.

Mettez un réveil près de vous, silencieux de préférence, que vous regarderez parfois. Pour ne pas sursauter, assurez-vous que l'alarme ne retentit pas de manière intempestive. Avec assez de pratique, votre horloge intérieure prendra le relais et vous n'aurez plus besoin de cette aide : si vous ne doutez pas de vos propres capacités à estimer la durée (auquel cas vous regarderez l'heure toutes les deux minutes), votre corps déterminera avec précision le temps écoulé.

Vous pouvez aussi faire brûler un bâton d'encens. Cela crée une atmosphère reposante dans la pièce, et agit sur les centres du calme dans le cerveau.

Surtout, débranchez le téléphone.

COMMENT PRÉPARER VOTRE ENVIRONNEMENT

- Ménagez-vous un petit coin tranquille.
- Baissez les lumières ; choisissez de préférence une lampe de couleur chaude.
- Prenez une chaise confortable à dossier droit.
- Mettez un réveil près de vous si nécessaire.
- Allumez un bâton d'encens si vous le désirez.
- Coupez le téléphone.

La posture

La technique du calme ne requiert aucune posture compliquée (à part une posture mentale, peut-être). Tant que vous vous tenez le dos droit et la tête haute, cela suffit. Les mains et les pieds se placent de la manière la plus confortable possible. Portez des vêtements amples, sans ceinture. Enlevez vos chaussures afin de vous sentir parfaitement à l'aise.

Si vous êtes nerveux ou agité, faites des exercices pour vous détendre (voir p. 77). Ceci est très important. Vous devez absolument commencer le principe du calme dans un état de relaxation suffisant, sinon l'impatience vous submergera. Avant de commencer, restez assis une minute environ, jusqu'à obtenir le calme. Votre respiration doit être lente et régulière. Oubliez ce qui vous entoure. Oubliez le monde, ce que vous allez devoir faire pendant la séance. Détendez-vous. Si vous devez attendre cinq ou six minutes, attendez. Cela en vaut la peine.

Au début, vous pratiquerez les séances yeux fermés. (Plus tard, peut-être pas, mais la plupart des gens ferment les yeux.) Sous vos paupières, regardez droit devant.

LA POSTURE DE LA TECHNIQUE DU CALME

- Dos droit, tête haute.
- Des vêtements amples et confortables, pieds nus.
- Soyez détendu ou pratiquez quelques exercices de calme.
- Restez assis un instant, respirez régulièrement.
- Fermez les yeux, regard droit devant, sans rien fixer.

Avant de poursuivre, un conseil de prudence (celui que donnent tous les maîtres de méditation)… Même si je n'ai jamais vu d'exemple où il ait été utile. La méditation doit toujours être abordée selon le bon sens. Si vous sentez que quelque chose ne va pas, arrêtez. Demain, les choses seront différentes. Cela ne veut pas dire que le principe du calme est une activité hallucinatoire, potentiellement dangereuse. Hors méditation, vous vous sentez parfois tendu, nerveux, anxieux, ou simplement fatigué. Impressions naturelles et fréquentes. En méditation, ces petites impressions peuvent prendre plus d'ampleur qu'elles n'en ont vraiment, puisque les pensées parasites les camouflent moins. Donc, n'en tenez pas compte.

La technique du calme ne fait pas appel à l'héroïsme. Si quelque chose vous trouble (plus que de l'impatience), faites une pause. Si vous êtes en début de séance, faites des exercices de détente. Si vous n'êtes que fatigué, ils devraient vous réveiller un peu. Mais si vous êtes épuisé, allez dormir. Vous êtes trop soucieux, obsédé par une pensée ? Ne vous forcez pas, arrêtez la méditation, ne vous inquiétez pas, vous recommencerez demain. Continuer ajouterait à votre anxiété. Vous devez vous conditionner pour vous amener dans le bon état d'esprit, rejeter les pensées vagabondes, vous concentrer. C'est cet auto-enseignement graduel et persistant, et une pincée de volonté, qui font le succès de la technique. Réservez le courage et l'héroïsme pour le jour où vous courrez le marathon ou sauverez le monde.

La méditation par la respiration

Après avoir lu les chapitres préparatoires, vous êtes sans doute impatient de mettre en œuvre le principe du calme.

Mais il existe une méthode de méditation encore plus simple qui constituera une introduction idéale.

Cette technique a pour but de faciliter vos premiers pas. Mais la méditation respiratoire peut être une fin en soi. Vous pourrez la pratiquer nuit et jour, et, à long terme, elle est sans doute aussi bénéfique que toute autre forme de méditation. Il s'agit en fait de la simplification extrême de la vieille méthode de respiration zen ; beaucoup de gens auront du mal à s'y consacrer sur de longues périodes, parce qu'elle leur semblera trop schématique.

Deux ou trois jours avant de commencer la technique du calme, pratiquez la méditation respiratoire (ensuite, vous pourrez la continuer aussi longtemps qu'il vous plaira). Cette technique intègre déjà certains éléments du principe du calme.

Préparez votre environnement (voir page 48) et vérifiez votre posture (voir page 49). Vous êtes prêt. Le but de cette méditation respiratoire est de vous faire prendre conscience de votre respiration. Totalement conscience. Ne pensez donc à rien d'autre – ne vous demandez pas si vous méditez ou si vous vous y prenez correctement –, ne songez qu'à inspirer et expirer.

Il ne s'agit pas d'un exercice de concentration renforcée. Certes, vous devez l'aborder avec détermination, mais vous n'êtes pas obligé de vous concentrer à l'extrême. Sinon, ce ne serait pas une méditation relaxante, et vous vous sentiriez sans doute plus frustré en fin de séance qu'en début.

Les yeux fermés, sans penser à rien, mettez lentement votre esprit au repos. Commencez à vous retirer du monde extérieur, à n'y plus prêter attention. Peu à peu, tournez votre attention vers vous-même. Bientôt, vous vous entendrez respirer. Laissez ce bruit prendre de plus en plus d'importance, donnez-lui plus de place. Prenez conscience de l'air qui passe dans vos narines, qui emplit vos poumons, et qui sort par votre bouche. Ne prenez pas d'inspiration trop profonde, sinon vous risqueriez de vous mettre en hyper-ventilation. Visualisez le courant d'air frais qui pénètre dans vos narines, regardez-le descendre au plus profond de vos poumons, représentez-vous le courant tiède qui en ressort. Bientôt, vous prendrez conscience de votre respiration. Vous deviendrez votre respiration.

Lorsqu'elle aura la première place dans votre esprit, oubliez-la. Vous en serez toujours conscient, mais vous n'y penserez plus. À présent, commencez votre méditation respiratoire.

En silence, comptez chaque souffle qui sort de votre corps. Première expiration : « un » ; deuxième : « deux » ; « trois » ; « quatre ». Puis recommencez à « un ». Écoutez-vous compter. Imaginez que ce comptage résonne dans votre tête (tout cela sans émettre le moindre son). Un, deux, trois, quatre ; un, deux, trois, quatre… jusqu'à ce que vous preniez conscience des chiffres qui défilent. Ne pensez pas à ce que vous faites, ne vous demandez pas à quoi cela sert, ne vous interrogez pas sur la signification des nombres, ils n'en ont aucune. Le seul but est de compter quatre respirations et de recommencer. Poursuivez quinze ou vingt minutes. Vous êtes entièrement absorbé dans cette unique activité, vous vous y consacrez à fond.

Il doit vous devenir évident que le contenu de cette méditation, la signification des nombres, compter, que tout cela n'a d'autre but que de vous aider à vous concentrer sur une seule chose à la fois. Compter n'est qu'un procédé pour focaliser votre attention. (Dans le zen, on compte jusqu'à dix. C'est plus difficile, mais vous pouvez le faire si vous préférez.)

Vous êtes peut-être conscient que votre respiration a ralenti à un rythme que vous considérez comme inférieur à la normale. N'y prêtez pas garde, car cela serait une forme de distraction. Vous réalisez peut-être n'avoir jamais été aussi détendu et serein. Oubliez cela. Vous pensez peut-être bien effectuer cet exercice... ce qui signifie que vous avez pensé...

Il ne passera guère de temps avant que votre esprit ne commence à s'égarer, que ne vous viennent diverses pensées. Sans vous en rendre compte, vous oublierez de compter et songerez à autre chose. Quand vous vous en apercevrez, reconcentrez-vous calmement. Ne vous inquiétez pas si vous êtes distrait : le manque de concentration fait partie de la méditation. Prenez simplement conscience de vous être éloigné de la bonne voie, et revenez-y calmement.

Souvenez-vous : ne vous forcez pas. Vous devez pratiquer cet exercice aussi détendu que possible. Si vous êtes perturbé, égaré dans vos pensées, nerveux à l'idée de devoir vous concentrer, n'ayez pas d'inquiétude. Tôt ou tard, vous serez capable de retourner à vos comptes. Si vous n'arrivez pas à compter plus de quatre expirations avant que votre esprit ne divague, tant pis. Ne cherchez pas à battre un record personnel. Recommencez. Vous y parviendrez.

Bientôt vous verrez (mais si vous méditez bien, vous ne serez même pas conscient de ce fait) qu'aucune pensée ne vient plus vous distraire. Compter prend toute la place et domine votre conscience. Bientôt, vous ne ferez plus qu'un avec vos « un », « deux », etc. Lorsque cela se produira, vous aurez une compréhension claire de ce qu'un esprit égaré est incapable d'accomplir.

À la fin de cette méditation, restez assis une ou deux minutes. Réfléchissez au temps qui vient de s'écouler, à ce que vous avez ressenti, à ce que vous ressentez. Vous devriez avoir connu quelques instants de grand calme, vous sentir détendu. Vous savez maintenant à quel point il est difficile de ne penser qu'à une chose. Vous êtes tenté de vous croire peu doué. Ces égarements font partie de la méditation. Tout le monde se laisse distraire. Mais si vous avez passé vingt minutes à être distrait en permanence, c'est sans doute que vous étiez mal préparé. Soyez détendu avant de commencer. Si vous estimez avoir échoué, peu importe. Chaque séance est unique : certaines correspondent à l'idée que l'on a d'une méditation réussie, d'autres non. C'est le simple fait de méditer qui donne une bonne séance.

Vous pouvez répéter cet exercice matin et soir pendant au moins quelques jours. Dans l'idéal, vous devriez le pratiquer un mois, à moins d'être impatient de commencer la technique du calme. N'oubliez pas : tant que vous vous sentirez à l'aise avec cet exercice, poursuivez-le. Toute forme de méditation pratiquée avec constance est efficace.

LA MÉDITATION RESPIRATOIRE

- Préparez votre environnement. Vérifiez votre posture.
- Fermez les yeux, détendez-vous.
- Focalisez-vous sur l'air qui entre dans votre corps et en sort.
- Comptez vos expirations de un à quatre et recommencez.
- Ne vous battez pas contre les divagations de votre esprit, mais redirigez calmement vos pensées sur ce que vous faites.
- Restez assis une minute ou deux après avoir terminé.

La technique du calme

Comme la méditation par la respiration, la technique du calme est une forme de méditation structurée. Cela signifie qu'il y a un ensemble de procédures à suivre, que la réussite exige un peu de détermination et de discipline. Pour beaucoup, la simple men-

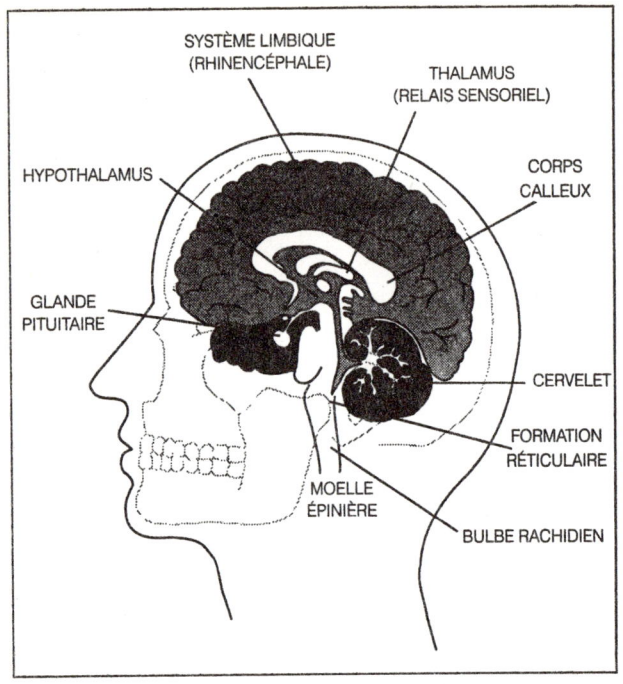

Figure 1 : LE SIÈGE DE L'HYPOTHALAMUS

tion de ce dernier mot évoque la privation, un travail acharné et des sacrifices. Cela n'est pas le cas avec la technique du calme. Nous avons déjà vu que, dans ce type de méditation, il faut éviter la concentration extrême et l'effort intense, car la détermination ne peut procurer autant de sérénité que l'état de calme.

Vous avez peut-être entendu parler de techniques de méditation qui ne demandent aucune règle. On doit leur consacrer à peu près autant de considération qu'à une cure de désintoxication au tabac qui n'exigerait aucun effort de volonté, à un programme d'entraînement physique qui ne supposerait aucun exercice, à un moyen de gagner de l'argent qui n'impliquerait que de dormir. S'il existait de telles formules magiques, chacun serait riche, en bonne santé et non fumeur. Toutes les formes de méditation qui apportent des bénéfices exigent de l'application, et une certaine forme de discipline. La technique du calme ne fait pas exception.

La seule discipline, toutefois, c'est de pratiquer régulièrement, et de faire quelques efforts pour ne penser qu'à une seule chose. Jamais vous n'aurez à vous forcer. Méditation structurée, la technique du calme oblige à une activité mentale spécifique. Plus tard, nous verrons comment apporter des modifications à cette technique, mais au début, il n'y a qu'une route : la méditation grâce aux mantras.

L'histoire du mantra

Si nous devions classer les formes de méditation par techniques, la mienne a beaucoup en commun avec celle pratiquée par les yogis indiens depuis trois millénaires (telle qu'elle fut enseignée par Shri Shankaracharya) – les méthodes et attitudes sur lesquelles elle est fondée remontant sans doute à une tradition plus ancienne encore. Une méthode similaire était utilisée dans la méditation judaïque ancienne et par les premiers chrétiens.

Le cœur de cette méthode tient en un mot qui, dans la tradition indienne, est «mantra». Ce concept fut établi de manière intuitive par un gourou qui transmit son savoir à un disciple qui en fit la base exclusive de sa méditation. Bien que ce mantra puisse être n'importe quel son ou mot, c'est souvent un ou plusieurs mots sanscrits tirés des hymnes védiques, lesquels sont à la base de l'hindouisme. Le mantra est donc un mot, voire une expression ou une prière entière, auquel on attribue une grande signification spirituelle.

Pendant des siècles, la méditation de type mantra (aussi connue sous le nom de « japa » ou « japam ») a été pratiquée par des communautés et des sectes qui ne connaissaient pas le sanscrit. Si, dans certains pays comme la Chine ou le Japon, on avait souvent recours aux mantras sanscrits, la plupart des gens choisissaient des mantras tirés de leur propre langue, comme on le fait aujourd'hui.

Pour un Occidental, qui a peu de chances de connaître le sanscrit, il n'est pas nécessaire qu'un mantra soit dans cette langue. Si on n'a pas d'affinité culturelle avec un langage, si sacré soit-il, on ne tire guère de bénéfices à y recourir.

La tradition veut que le maître donne un mantra à son élève. Certaines sectes insistent aujourd'hui sur l'importance d'un mantra « personnel ». On raconte souvent que tel mantra a été « divinement » révélé à un individu unique, lequel le transmet à ses disciples contre espèces sonnantes et trébuchantes, bien souvent! Bref, les mantras sont entourés de beaucoup trop de mysticisme, lequel cache parfois un sens particulièrement aigu du commerce. Avec mes années d'expérience, j'affirme que le mantra que vous proposera un maître occidental ne sera pas plus doté de qualités cosmiques qu'un mot sorti au hasard du dictionnaire.

Je me souviens d'avoir été invité, enfant, dans une chapelle catholique pour la prière du soir. Deux cents jeunes garçons récitaient le rosaire (ce qui, d'ailleurs, prend une vingtaine de minutes, donc pas plus de temps qu'une séance de méditation). J'estime que ce fut ma première expérience de méditation, où je découvris que la constante répétition de certaines phrases bien connues (mantras) chassait l'agitation mentale, d'une manière qui rappelle le principe du calme. Même si les cercles théologiques ne vous le diront jamais, le rosaire fonctionne comme une sorte de mantra.

Vous connaissez peut-être déjà certains mantras comme « *Om* » (ou « *Aum* »), « *Hare krishna* », « Jésus Christ, prends pitié de moi pauvre pécheur... » (celui des moines orthodoxes), « *Kyrie Eleison* », en latin, « *Allah al akbar* », en arabe... Il en existe des millions. La méditation de type mantra est très répandue aujourd'hui. Toutes les écoles la reconnaissent comme une des méthodes les plus efficaces, et elle connaît un succès indéniable dans le monde occidental.

L'expression de calme

Certaines expériences ont prouvé que les réactions physiologiques d'un sujet qui a recours à des mantras à « haute teneur spirituelle » n'étaient pas différentes de celles d'un sujet qui prononçait des mots absurdes, choisis au hasard par les scientifiques. Bien sûr, il n'est pas question de mesurer la valeur des mantras spirituels, pas plus qu'il ne s'agit de juger la valeur de disciplines millénaires. Pour la technique du calme, centrée sur l'aspect temporel (physique, mental et émotionnel), l'origine des mantras a autant d'influence sur la méditation que la couleur des barres diminue le poids des haltères que soulève un haltérophile.

Néanmoins, si vous voulez suivre la tradition, achetez un exemplaire de la *Bhagavad-Gita* la prochaine fois que vous rencontrerez un Hare Krishna.

Vous pourrez alors choisir votre mantra dans ces milliers de pages.

La technique du calme doit fournir une méthode pratique de relaxation adaptée au lecteur occidental. Elle s'articule sur un procédé non mystique, semblable au mantra, que nous appelons « expression de calme ». Dans la pratique, le contenu littéral de l'expression de calme n'a pas plus de sens que de compter « un », « deux », « trois » ou « quatre », comme dans la méditation respiratoire. Seul compte l'usage répétitif de mots ou groupes de mots.

L'important, quand vous avez choisi votre expression, est de vous y tenir. Lorsque vous l'avez, quelle qu'elle soit, n'en changez plus. À moins d'avoir de très bonnes raisons pour cela, gardez-la toute votre vie. De plus, au début, elle devra rester secrète. C'est un mot de passe entre vous et vous. Avec le temps, vous découvrirez qu'elle a une signification (pour vous seul) qui dépasse largement son interprétation littérale. Il arrivera un temps où son occurrence fugitive suffira à déclencher une réaction dans votre subconscient, qui vous relaxera, induira le calme. Quand vous aurez eu recours à cette expression d'innombrables fois, elle sera revêtue de propriétés apaisantes dont on ne croit pas les mots capables ; elle sera comme un refuge personnel, où vous serez à l'abri du stress et de l'angoisse.

Choisissez votre expression de calme... Si vous appartenez à une confession ou à une foi quelconque, prenez un mot ou une expression simple qui vous relient à cette croyance. Dans la plupart des cas, je vous suggère d'opter pour un mot qui n'a pas de signification trop forte, ou qui possède un sens réconfortant. Servez-vous-en aussi longtemps que vous vous sentirez à l'aise avec lui. Peu importe que d'autres choisissent le même, ils ne sont pas forcés de le savoir. Si vous craignez de vous tromper, je vous suggère d'utiliser tout simplement « apaisant ». Même si vous ne teniez pas compte de son sens (ce qui est impossible), sa seule sonorité est en elle-même tranquillisante. Mais surtout, n'oubliez pas que le sens n'entre pratiquement pas en ligne de compte. L'essentiel est d'adopter une expression de calme et d'y rester fidèle.

Vous avez choisi? Alors, vous êtes prêt pour l'étape suivante.

Le centre du calme

Il existe un point, à l'intérieur de nous, que nous reconnaissons tous comme le centre de notre être. Pour les penseurs modernes, il s'agit du cerveau. Dans l'Égypte antique (et plus tard en Grèce et à Rome), c'était le cœur ou le foie. Ailleurs, on le situe tantôt à la base de la colonne vertébrale, tantôt au niveau du nombril, tantôt dans la glande pituitaire (Angleterre du XIXe siècle), tantôt dans l'hypothalamus (pour les Indiens). C'est cette dernière zone qui nous intéresse.

L'hypothalamus est un extraordinaire organe du cerveau. Dans certaines religions orientales, on le considère comme le siège de l'âme. Il se trouve là où beaucoup d'Anciens situaient le « troisième œil » (lequel s'ouvre métaphoriquement pendant certaines phases de la méditation qui se pratiquent les yeux fermés). Ceux qui considèrent que l'âme se trouve dans l'hypothalamus la symbolisent sous la forme d'un point lumineux, au centre du front, tout en haut du nez, entre les yeux (l'hypothalamus se trouve effectivement à 7-9 cm derrière).

C'est l'hypothalamus qui, face à une menace, libère l'hormone corticotrophine (CRH) dans la glande pituitaire qui, à son tour, la diffuse dans le sang. Il actionne les glandes surrénales, lesquelles accélèrent le pouls et le rythme respiratoire. Il bloque en outre le métabolisme et prépare le corps pour la réaction « fuir ou combattre », et joue un rôle essentiel dans la montée de la pression sanguine et du niveau de stress. Pourtant, si l'hypothalamus est responsable des symptômes du stress, c'est lui aussi qui inverse ce processus. Comme il active certaines réponses physiologiques, il les inhibe : il fait baisser le rythme cardiaque et la pression sanguine, régule la température et contrôle le métabolisme; il nous tient en état de conscience et de veille, contrôlant ainsi les influences psychosomatiques sur la santé. Il règle toutes les fonctions physiologiques qui déterminent votre état : paisible ou perturbé. En conjonction avec le cerveau et le système limbique, il contrôle les émotions, les perceptions et de nombreuses fonctions mentales. L'hypothalamus constitue le lien le plus important entre l'esprit et le corps, il est au centre ! Vous n'avez sans doute pas besoin d'effectuer un grand saut conceptuel pour accepter qu'en l'hypothalamus réside le vrai calme. Si l'existence d'un tel lieu est de toute évidence inaccessible à la perception sensorielle habituelle, la plupart d'entre nous reconnaissent qu'il existe un refuge à l'intérieur de soi que l'on ne peut décrire en termes scientifiques ou psychologiques. C'est lui notre centre de calme. Il ne connaît pas l'anxiété, la peur, la frustration, le soupçon, le doute, la jalousie. Il est en paix avec le monde, avec l'existence. Il est au-delà des émotions quotidiennes, du processus de la pensée et des fonctions mentales. C'est avec ce centre que vous entrez en contact lorsque vous pratiquez le principe du calme ; c'est de lui que sourd le calme. Il importe peu, au fond, de connaître avec exactitude le lieu où il se situe. Car votre expression de calme doit émaner du plus profond de votre être, d'au-delà les pensées. Alors, au lieu de devoir discipliner votre ébullition mentale, grâce à la sublimation, vous pourrez tout simplement l'ignorer pour focaliser votre conscience sur votre expression de calme. Sans même vous en apercevoir, vous oublierez toutes les distractions, vous vous emplirez de votre expression de calme : vous serez en méditation.

Imaginez votre esprit comme une pièce bruyante, pleine de cris. Dans la cacophonie, vous reconnaissez soudain une voix (votre expression de calme). Elle n'est pas plus forte que les autres, mais elle ressort de plus en plus clairement, parce que vous ne vous intéressez qu'à elle, n'écoutez qu'elle. Songez comme un mot peut facilement vous sauter aux yeux quand vous feuilletez un livre. Si vous vous étiez concentré sur chacun des mots de cette page pour en trouver un, il vous aurait échappé. Et pourtant, un regard distrait vous a suffi pour l'apercevoir.

L'expression qui émanera de votre centre du calme se comportera de la même manière. Si elle apparaît de son propre gré, au moment voulu, elle attirera votre attention avec bien plus de force que si vous vous acharnez à la faire venir. Elle vous captivera, plutôt qu'elle vous forcera à vous apaiser.

En ne vous concentrant pas, vous la ferez ressortir avec plus de puissance. Même si une concentration disciplinée s'avère efficace, une approche détendue, sans forcer la focalisation, est plus rentable. Si vous pouvez percevoir l'endroit où se situe votre centre du calme, vous saurez d'où émane votre expression. Elle en sortira d'elle-même. Cela ne demande aucun autre effort que de prendre conscience de son origine et d'être absolument passif. Le principe du calme se construit sur ce socle. Une fois que vous aurez commencé, il faudra seulement un peu d'efforts pour éviter que votre attention ne se disperse.

Si vous trouvez cette méthode abstraite et perturbante, ne vous inquiétez pas. Il ne s'agit que de mettre l'accent sur les débuts de la méditation, cela ne fait pas partie de la technique du calme à proprement parler. La technique du calme est d'une simplicité enfantine, vous n'avez à faire qu'une chose – mais à fond. Cela focalisera votre attention et élèvera votre niveau de conscience.

Utiliser la technique du calme

La technique du calme est la répétition constante du mot ou d'un groupe de mots. La répétition de l'expression de calme pendant vingt minutes peut paraître ennuyeuse, mais souvenez-vous : vous ne penserez pas que vous êtes en train de répéter, même si vous en êtes conscient. Au bout d'un moment, vous ne ferez plus attention au mot, même si vous serez conscient de le prononcer mentalement.

Nous sommes prêts à mettre en pratique tout ce que nous avons appris. Revoyons les étapes préparatoires :

L'ENVIRONNEMENT

- Ménagez-vous un coin tranquille.
- Baissez les lumières ; choisissez-les de préférence chaudes.
- Prenez une chaise confortable à dossier droit.
- Mettez un réveil près de vous si nécessaire.
- Allumez un bâton d'encens si vous le désirez.
- Coupez le téléphone.

LA POSTURE

- Dos droit, tête haute.
- Vêtements amples et confortables, pieds nus.
- Soyez détendu ou pratiquez quelques exercices de calme.
- Restez assis un instant, respirez régulièrement.
- Fermez les yeux, regard droit devant, sans rien fixer.

Nous supposons à présent que votre expression de calme est le mot « apaisant » (sauf si vous en avez choisi un ou plusieurs autres).

Quand vous serez parfaitement détendu et ne penserez plus à rien, écoutez le son de votre respiration.

Vous percevez le flot d'air frais aspiré à travers vos narines, et qui plonge au plus profond de vos poumons.

Soyez attentif au souffle chaud que votre corps expulse.

Soyez conscient de votre respiration.

N'écoutez que le son de l'air qui entre par vos narines et pénètre dans votre corps avant d'en ressortir.

À chaque inspiration, vous êtes un peu plus détendu.

Votre souffle est le son le plus apaisant que vous ayez entendu. (Ne vous inquiétez pas si votre rythme respiratoire a ralenti plus qu'à l'habitude : cela fait partie du processus.)

Ne pensez qu'à votre respiration, qu'à l'air qui entre dans vos narines, s'engouffre dans vos poumons, ressort par votre bouche.

Ne réfléchissez pas à ce qu'est la méditation (vous y penserez quand vous aurez terminé), ne songez qu'à votre souffle. C'est la seule chose que vous perceviez, la seule chose dont vous ayez conscience.

À ce moment-là, vous devez commencer à « entendre » votre expression de calme.

Elle doit provenir de votre voix silencieuse, comme si elle montait de votre centre du calme, surgissait du plus profond de vous.

Laissez-la affleurer.

Écartez toutes les autres pensées.

Ne les chassez pas par un effort... laissez votre expression de calme se charger du travail, laissez-la dominer votre conscience de l'intérieur.

Il ne doit y avoir aucun cadre temporel fixant l'arrivée de votre expression de calme. Elle vient d'elle-même (avec un peu d'habitude), au bout d'une minute ou deux, si vous êtes détendu. Le bon rythme de répétition se met en place spontanément (et d'autant mieux que vous ne vous demandez pas si c'est le bon rythme).

Sans rien dire, écoutez ce mot encore et encore, jusqu'à n'être plus conscient que de lui. Jusqu'à ce que tout votre être soit empli de lui.

N'essayez pas de le visualiser sous forme écrite, ne réfléchissez pas à sa signification, ne lui attribuez aucun sens. Comme je l'ai déjà dit, il n'est qu'un support (même s'il revêtira une importance particulière pour vous du fait que vous vous le soyez approprié) ; il ne sert qu'à diriger votre conscience, à discipliner votre esprit. Soyez totalement passif, laissez-vous absorber entièrement dans la répétition.

Ce discours ne doit en aucun cas vous inquiéter. Vous ne vous jouez pas de mauvais tours. Vous n'êtes pas à la recherche du néant, vous n'êtes pas tombé dans l'ésotérisme. Vous cherchez simplement à vous purger des pensées aléatoires et inutiles en concentrant votre attention sur un objet. C'est un peu comme pour un ordinateur. Parfois, l'écran est un fatras d'instructions, de formules, de lettres, d'icônes. Prenez tous ces éléments un à un, et ils revêtiront une importance cruciale. Tous ensemble, pourtant, ils forment un immense chaos, et votre ordinateur communique mal avec vous. Il en est ainsi de votre attention. Lorsqu'elle est dispersée, se concentre sur plusieurs objets à la fois, se laisse distraire par des incidents triviaux, elle fonctionne à bas régime.

Aucun prix ne vous sera jamais décerné pour votre pratique de ma technique. Votre récompense, c'est que vous saurez captiver votre conscience, l'investir totalement dans l'expression de calme. Ce n'est même pas un exercice d'autodiscipline. Vous n'avez pas à vous forcer, vous n'avez pas à faire trop d'efforts pour « entendre » votre mantra. Vous n'avez qu'à être passif, à suivre le courant. Si votre esprit s'égare, ramenez-le dans la bonne voie. Si des distractions se présentent, ignorez-les, retournez à l'écoute de votre expression de calme. Si vous la prononciez à voix haute, vous l'entendriez aussi clairement. Il vous serait peut-être plus facile de vous concentrer, car vous remarqueriez plus facilement l'apparition d'une distraction si votre voix se taisait. Si vous pensez pouvoir psalmodier tous les jours sans être pris pour un fou, faites-le. Votre pratique sera facilitée. Néanmoins, vous vous apercevrez que la cohabitation avec votre entourage pose problème. C'est à vous de choisir.

En vous focalisant sur la répétition de votre expression de calme, vous serez bientôt plongé dans une sérénité merveilleuse, tout en restant conscient. Si vous réussissez à maintenir votre expression de calme à l'avant-scène de votre attention, vous vous retrouverez dans un vrai état de béatitude. Puis vous serez distrait par des pensées et des concepts que vous n'avez pas invoqués. Votre esprit vagabondera. C'est naturel. Lorsque cela se produit, ramenez toute votre attention sur votre expression de calme, laissez ce mot faire fondre vos anxiétés, mettre un terme à vos distractions. Laissez-le vous emmener dans ce lieu intérieur où règne la paix absolue. Laissez-le vous calmer et vous apaiser un peu plus chaque fois que vous l'entendez.

Vous vous demandez sans doute si vous suivez la bonne méthode.

Si vous oubliez cette question, si vous vous concentrez seulement sur votre expression de calme, alors, oui, vous vous y prenez à merveille.

Vous vous interrogez toujours si vous expérimentez ce que vous êtes censé expérimenter, vous dites que la méditation ne fonctionne pas avec vous, que vous êtes un mauvais élève? Oui, c'est vrai, vous faites fausse route : non pas que cela soit vrai, mais parce que vous vous posez trop de questions. Concentrez-vous sur votre tâche! Si vous vous laissez distraire, redirigez votre conscience vers votre mantra. Écoutez celui-ci, en le répétant mentalement, paisiblement. À chaque fois, vous éprouvez un sentiment de paix plus profond. Une impression de calme. Si vous pensez pouvoir mieux faire, recommencez. Le simple fait que vous pensiez à quelque chose d'autre qu'à votre expression de calme prouve que vous ne devez pas arrêter la séance.

À ce stade, vous serez conscient d'éprouver un profond sentiment de sérénité. Lorsque vous aurez terminé votre méditation, vous pourrez y réfléchir. Ce ne sera pas extraordinaire, à vous couper le souffle, au contraire, cela vous semblera naturel. La plupart des gens décrivent cette expérience comme la première chose naturelle qui leur soit arrivée dans leur vie adulte.

Peut-être estimez-vous devoir éprouver quelque chose de plus. Mais le simple fait de divaguer mentalement (durant la pratique) diminue l'efficacité de la méditation. Votre attention doit être totalement absorbée par votre expression de calme, et non s'intéresser à ce que vous ressentez. Vous n'êtes censé faire qu'une chose à la fois, et la faire à fond, sans réfléchir ni à ce que vous faites ni à la manière dont vous progressez.

Cette seule chose, c'est écouter le mantra qui émane de votre centre du calme. Sa répétition constante libère l'esprit de toutes les pensées et distractions, jusqu'à ce qu'il soit enfin tranquille. (Bien sûr, si, à cet instant, vous pensez, « Youpi, j'ai réussi ! », vous retournez à la case départ !) Lorsque votre attention est totalement prise par votre expression de calme, toutes les pensées compulsives et aléatoires s'arrêtent, un grand sentiment de paix vous envahit. Cela sera votre première expérience de vide intérieur, et une grande satisfaction.

Si vous avez été capable de limiter vos pensées à votre expression de calme, vous serez étonné de la rapidité avec laquelle les vingt minutes se sont écoulées. Ensuite, à la fin de votre séance, vous pourrez réfléchir à ce que vous avez vécu. Restez assis un instant. Qu'avez-vous ressenti ? Vous avez conscience d'un grand calme. Pendant un instant, si bref soit-il, vous avez connu la paix intérieure. Même si ce ne sont que des instants fugitifs, de vagues aperçus d'une forme plus élevée de la conscience, ces instants auront une influence apaisante extraordinaire sur le reste de votre journée. Et, avec le temps, sur votre vie.

Si vous avez été incapable de garder votre expression de calme à l'esprit, ne vous inquiétez pas. Au début, la plupart des gens n'y parviennent que quelques secondes. Écoutez simplement votre respiration et profitez du fait de ne rien faire avant de reprendre l'écoute de votre mantra. Cela fait partie de la méditation. Si vous êtes très préoccupé par un problème familial ou professionnel, attendez d'être dans un meilleur état d'esprit pour méditer, ou pratiquez quelques exercices de calme avant de commencer.

Comme vous le voyez, la technique du calme est d'une simplicité inouïe.

Mais sa simplicité fait sa difficulté. Le premier problème consiste à accepter qu'elle soit un jeu d'enfant. L'esprit humain aime la complexité, est convaincu qu'une telle simplicité ne peut exister. Il vous pousse à croire que pour obtenir de telles sensations vous devez fournir une contribution intellectuelle bien plus grande. Comment, en effet, pourriez-vous expérimenter une forme de conscience plus élevée en ayant recours à moins de facultés intellectuelles ? Comment pourriez-vous développer vos facultés de penser en évitant toute pensée ? Seule la technique du calme résout ces paradoxes apparents. Avant de connaître empiriquement les bénéfices de la méthode, il vous suffit de comprendre que votre intellect et votre moi sont deux parties d'un tout, mais qu'associés ils vous empêchent d'apprécier toute forme de conscience supérieure, surtout si celle-ci ne peut être obtenue qu'en transcendant toutes leurs influences. Pourtant, lorsque vous ne serez plus perturbé par le brouhaha des pensées non sollicitées, vous pourrez transcender votre ego et votre intellect, et vous comprendrez que je dis la vérité.

LA TECHNIQUE DU CALME

- Créer l'environnement adéquat.
- Adoptez la posture idoine.
- Écoutez votre respiration. Détendez-vous à chaque inspiration.
- Écoutez l'expression de calme qui émane de votre centre de calme. Écoutez-la mentalement, de manière répétitive.
- Lorsque vos pensées s'égarent, redirigez calmement votre attention vers votre expression de calme.
- Ne vous demandez pas si vous vous y prenez correctement.
- Asseyez-vous et restez dans un état contemplatif pendant quelques instants après avoir terminé.

Les obstacles

Comme la technique du calme est d'une simplicité désarmante, le premier obstacle consiste à vous convaincre qu'une expérience aussi schématique puisse être efficace. En fait, une fois acceptée cette simplicité, il reste deux obstacles à franchir.

Les pensées non sollicitées

En Occident, où la méditation est associée à la pensée religieuse et à la prière, une imagination riche et une pensée rapide sont des valeurs prisées. En Orient, et dans les écoles méditatives, on ne sacralise pas le cours rapide du mental. Il est souvent considéré comme une simple perturbation, une entrave à la véritable méditation. Avec le principe du calme, par exemple, la récompense, la finalité, c'est l'absence de pensées parasites et de perceptions sensorielles. Ce n'est pas l'expression de calme, la posture ou l'état d'esprit qui produisent cette merveilleuse influence apaisante et permettent le développement de la conscience, c'est l'absence de pensées...

Mais n'est-ce pas une échappatoire idéale ? Ne sommes-nous pas en train de mépriser la majesté de l'esprit ? Celui-ci ne constitue-t-il pas la vraie personnalité ? Nous nous considérons souvent comme le produit de nos pensées et de nos attitudes mentales. Pourtant, celles-ci limitent le développement de notre personnalité. Combien de fois avez-vous souhaité penser autrement, avoir plus de force, de volonté ; combien de fois avez-vous essayé de vous convaincre que vous n'aviez aucune raison de vous sentir angoissé ?

Vous avez entendu dire que nous n'utilisons qu'une infime partie de notre esprit/cerveau (dans le sens de conscience), que si nous pouvions exploiter son potentiel, nous accomplirions de grandes choses. Tel est le but de ma technique. Mais pour cela vous devrez maîtriser votre processus mental, entraîner votre esprit, élever votre niveau. Il y a des domaines de la conscience qui ne fonctionnent pas de manière verbale ou visuelle. Dans l'intuition, notre perception dépasse soudain la portée de nos organes sensoriels habituels. Tout comme dans l'inspiration... Quels que soient nos efforts, nous ne pouvons ni verbaliser ni visualiser cette expérience.

Dans le principe du calme, votre esprit fonctionne normalement, mais sans que ce fonctionnement domine votre conscience, sans qu'il en limite l'étendue. Durant cette activité, vous jouissez d'un état de calme et vous avez accès à des régions dont vous ignoriez l'existence. Ma technique vous emmène au-delà des frontières de la pensée et de l'imagination conventionnelles, dans un lieu où vous découvrirez un nouveau monde de paix, de créativité, d'intuition et de sagesse.

Vous vous laisserez distraire en chemin, vous rencontrerez des pensées aléatoires, vous serez perturbé par des incitations, des désirs. En méditation, vous percevrez des sons, sentirez des odeurs, serez sensible à des choses qui passent inaperçues d'ordinaire. Ces distractions, naturelles, communes à chacun, existent parce que l'esprit n'a pas envie d'être tranquillisé. Il aime se croire le maître, aussi il utilise toutes les diversions possibles pour regagner sa supériorité et vous détourner de votre objectif. Il n'accepte pas facilement cette technique du calme. Cet état de fait est normal, prévisible. Restez passivement conscient de ces pensées et incitations extérieures qui vont et viennent, autorisez-les à vivre, mais ne vous laissez pas séduire, ignorez-les. Si elles se font trop sentir, dirigez votre attention vers votre expression de calme.

Il y aura des moments où vos pensées sont plus graves. Peut-être avez-vous des problèmes familiaux, professionnels ou financiers, un discours à prononcer, un mariage… Dans ces occasions, il est sans doute préférable de céder. Si vous êtes vraiment préoccupé, votre esprit reviendra sans cesse à votre problème. Même si le principe du calme finirait par soulager vos tensions, dans les débuts vous ne parviendrez sans doute pas à surmonter ces perturbations. Mieux vaudra donc différer votre séance de méditation jusqu'au lendemain.

Lorsque vous êtes distrait par des problèmes physiques, tels que picotements, crampes ou fourmis, grattez-vous (par exemple) avant de reprendre. Inutile d'attendre que cette désagréable sensation disparaisse d'elle-même.

Gardez toujours à l'esprit que le but de la technique du calme est de vous apprendre à focaliser votre attention, et non de vous imposer une contrainte.

L'impatience

L'une des caractéristiques les plus dommageables du stress est l'impatience. Le défaut que bien des gens essayent de surmonter grâce à la technique du calme risque fort d'être à l'origine de leur échec.

Le stress empêche souvent de surmonter les situations, interdit de se concentrer, est synonyme d'agitation, de fatigue, d'hyperactivité, d'irritabilité ou d'impatience. Ces phénomènes ne peuvent être ni surmontés ni dissimulés longtemps. Et ils apparaissent toujours aux pires moments. Activité pacifique et non urgente, le principe du calme est la cible toute désignée de l'impatience. Si vous souffrez d'un niveau de stress élevé, l'impatience marquera vos débuts en méditation. Pendant les premières semaines, avant que votre niveau de stress se soit réduit de manière significative, elle aura peut-être raison de votre motivation. Vous trouverez que les choses ne vont pas assez vite, chercherez des raccourcis, vous vous tournerez peut-être vers d'autres moyens pour parvenir à vos fins. Bref, vous succomberez à l'un des maux que vous aviez espéré guérir par la technique du calme ! Cette dernière viendra à bout de vos impatiences. Mais en combien de temps ? De toute évidence, cela varie, mais plus vous pratiquerez, moins vous serez affecté par les symptômes du stress. Pour certains, l'amélioration est immédiate et remarquable. Pour d'autres, elle est progressive et demande de la persévérance, en particulier au début. L'important est d'accepter son stress, d'être convaincu qu'il est possible de le surmonter. Avec le temps l'impatience passe.

6
Exercices de calme

> *« La vie est si courte,
> et l'art si long à apprendre. »*
>
> HIPPOCRATE

Un peu de tai-chi-chuan

Il y a des moments où il est impossible de s'asseoir tranquillement et de se détendre. Il y a des moments où l'esprit et/ou les émotions sont submergés par un problème ou un autre. Qu'il s'agisse de stress, d'anxiété, d'excitation, ou d'un simple problème professionnel qui exige une réaction immédiate. Faites alors quelques exercices avant de commencer. Si votre vie est plus paisible, vous n'en aurez peut-être jamais besoin, néanmoins vous devrez les apprendre car ils forment une introduction agréable à une séance. Qu'ils vous soient nécessaires ou non, ils sont en eux-mêmes très relaxants.

Ces exercices sont dérivés du tai-chi-chuan. Vous avez sans doute déjà vu pratiquer cette gymnastique gracieuse et relaxante. Souvent considéré comme une discipline physique, le tai-chi-chuan est cependant une excellente méthode de méditation. Les mouvements complexes sur lesquels il s'appuie requièrent une totale attention, laquelle est la base de toute méditation.

Les exercices de calme n'ont aucun point commun avec l'entraînement physique traditionnel. Ils ne sont pas destinés à accélérer votre rythme cardiaque, à modeler votre taille ou renforcer votre résistance. Ils n'ont d'autres buts que celui de vous relaxer, physiquement et mentalement, afin que vous puissiez pratiquer le principe du calme de manière efficace.

Ils sont très simples à effectuer. Là encore, le seul obstacle à éviter est l'impatience. Ils doivent être réalisés avec une lenteur extrême. Contrairement aux exercices physiques que vous faites d'ordinaire, plus ils sont faits lentement, plus ils sont efficaces. Chacun est accompagné d'une lente inspiration, suivie d'une lente expiration. Tout mouvement est associé à l'inhalation ou l'exhalation de l'air. La lenteur du geste accompagne la lenteur de la respiration. L'objectif est de diminuer votre excitation, autant que possible, sans effort. Comme l'efficacité du tai-chi-chuan repose sur une respiration aisée et naturelle, mettez-vous près d'une fenêtre ouverte, dans un jardin ou sur un balcon. La séance prend entre cinq et quinze minutes. Surtout, ne prêtez pas attention au regard des voisins.

Avant de commencer, il vous faudra veiller à trois choses : votre visage, votre maintien, et votre respiration.

Dans le tai-chi-chuan – comme dans beaucoup d'arts martiaux –, votre attitude de base consiste à

« coller » fermement au sol, afin que vous ne puissiez être déséquilibré (principe également vrai pour les exercices de calme).

POUR DÉTENDRE VOTRE VISAGE

- Poussez la langue contre le palais, juste derrière les incisives, afin de détendre vos mâchoires.
- Levez légèrement les sourcils, comme si vous étiez bien éveillé, afin de relaxer les muscles du front et des yeux.
- Esquissez un sourire, cela décontractera tous les muscles faciaux.

POUR DÉTENDRE VOTRE MAINTIEN

- Les pieds, pointés droit vers l'avant, doivent être écartés de la largeur des épaules, afin d'assurer un équilibre confortable.
- Les articulations doivent être débloquées : genoux légèrement fléchis, coudes un peu repliés, bras légèrement écartés du corps (il doit y avoir un léger espace sous les aisselles), doigts séparés les uns des autres, mains pendantes, sans crispation (elles doivent donner l'impression d'être lourdes et molles), cou relâché, tête droite, regard portant loin devant soi, dos droit.
- Mettez tout le poids de votre corps sur les pieds, qui sont bien ancrés dans le sol. Vous vous sentez devenir de plus en plus lourd. Votre poids s'enfonce dans vos pieds, plonge profondément dans le sol.

La respiration doit être aussi régulière que possible. Inspirez et expirez en un courant continu (en d'autres termes, ne retenez pas votre respiration avant d'expirer).

LA RESPIRATION

- Posez légèrement vos doigts sur le ventre, environ 4 cm sous le nombril.
- Inspirez profondément par le nez, de manière régulière jusqu'à ce que vous sentiez votre abdomen se gonfler sous vos doigts (les Chinois appellent cette étape « tan tien »). Ne forcez pas. Ne gonflez pas votre poitrine. Vous cherchez un flot naturel et aisé.
- Expirez lentement et régulièrement jusqu'à ce que votre abdomen retombe.
- Suivent une inspiration lente et une expiration lente, sans pause entre elles.
- Inspirez et expirez cinq fois.

Le premier exercice de calme est très simple. C'est une sorte d'échauffement pour les exercices n° 2, 3 et 4, qui ne requiert pas de mouvements lents. Il détend la moitié supérieure du corps, et, avec quelques légères modifications, la partie inférieure.

EXERCICE N° 1

- Décontractez votre visage et votre maintien (voir plus haut).
- Laissez pendre mollement vos bras jusqu'à ce que vous vous sentiez lourd et détendu.
- En gardant pieds, jambes et taille en équilibre, balancez la partie supérieure du corps vers la gauche, de telle manière que vos épaules et votre tête tournent d'un bloc. Vos bras s'enroulent autour de votre corps pendant ce geste. Répétez le même mouvement vers la droite. Développez ce mouvement de balancier d'un côté, puis de l'autre. Vos bras suivent naturellement la partie supérieure du corps qui pivote à partir de la taille, d'un côté, puis de l'autre, sans efforts. Les doigts sont détendus.
- Balancez d'un côté, puis de l'autre, jusqu'à ce que la force d'inertie gagnée par vos bras suffise à vous faire tourner.
- Décontractez votre visage et votre maintien (voir plus haut).

- Facultatif : lorsqu'un bras passe devant le corps (l'autre est en arrière), vous pouvez plier les genoux de quelques centimètres, simultanément au mouvement de balancier, afin de faire ressort. Cela améliore la circulation dans la partie inférieure du corps.
- Poursuivez l'exercice 2 mn.
- Cessez peu à peu le mouvement, jusqu'à ce que vos bras se retrouvent immobiles le long du corps.
- Détendez-vous.

L'exercice n° 2, lui aussi très simple, doit être exécuté aussi lentement que possible.

EXERCICE N° 2

Première phase

- Pour le visage et le maintien, voir plus haut. Bras le long du corps.
- Regard droit devant vous, inspirez.
- Tournez lentement la tête pour regarder par-dessus votre épaule gauche en expirant.
- Inspirez en ramenant votre tête de face.
- Tournez lentement la tête pour regarder par-dessus votre épaule droite en expirant.
- Répétez environ trois fois de chaque côté.

Deuxième phase

- Regard droit devant, inspirez.
- Expirez en baissant lentement la tête vers la poitrine.
- Inspirez en relevant lentement la tête.
- Expirez en rejetant lentement la tête en arrière (pour regarder vers le plafond).
- Répétez trois fois la séquence de 1 à 4.

Troisième phase

- Le regard droit devant, inspirez.
- Expirez en inclinant lentement la tête vers la gauche (regard toujours de face).
- Inspirez en ramenant la tête en position verticale.
- Expirez en inclinant lentement la tête vers la droite (regard toujours de face).
- Répétez trois fois la séquence de chaque côté.
- Détendez-vous.

Dans l'exercice n° 3, les bras décrivent un large mouvement circulaire pendant que vous montez sur la pointe des pieds. Vous inspirez pendant que vos bras se déploient et que s'élève votre buste. Il n'y a aucune difficulté : si vous dessinez de grands cercles avec vos bras, votre respiration prendra le rythme, naturellement. Ce mouvement doit être exécuté aussi lentement que possible.

EXERCICE N° 3

- Pour le visage et le maintien, voir plus haut. Bras le long du corps.
- Pliez les genoux légèrement, comme pour former un arc. Coudes pliés, poignets croisés au niveau du nombril, paumes face au ciel (voir figure 2).
- Tandis que les bras s'élèvent en un vaste mouvement circulaire, inspirez, redressez les jambes et montez sur la pointe des pieds pendant que les bras arrivent au point le plus haut de l'arc (voir figure 3).
- Continuez le mouvement circulaire en expirant et pliez les genoux (pour revenir à la figure 2).
- Répétez ce mouvement cinq fois.
- Répétez cinq fois en sens inverse.
- Détendez-vous.

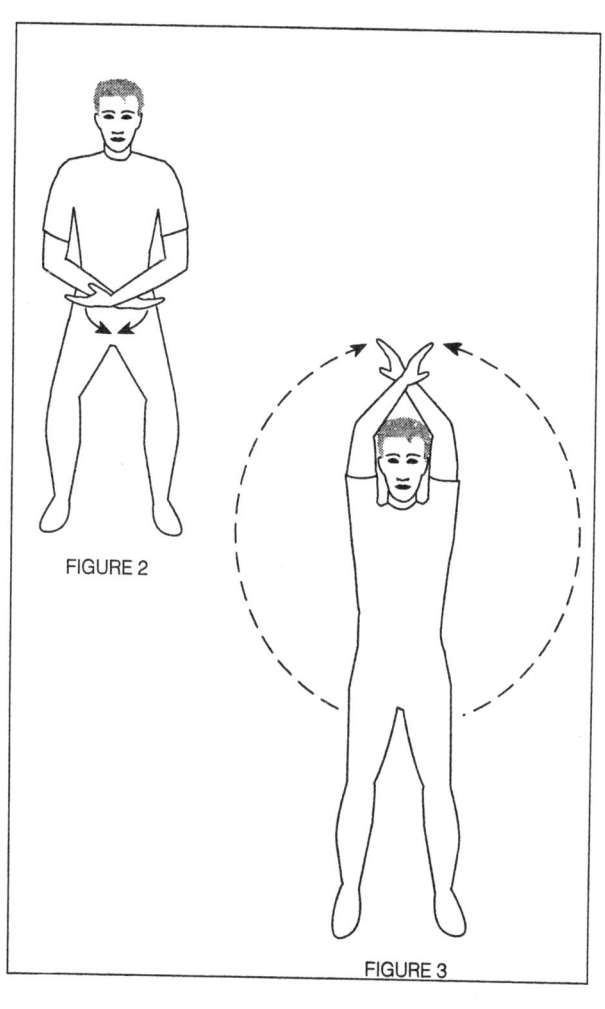

FIGURE 2

FIGURE 3

EXERCICE N° 3

L'exercice n° 4 est un peu moins simple que le précédent, mais il est le plus gracieux et le plus relaxant de tous. C'est en fait une variation de l'exercice n° 3, et la respiration s'y coordonne de manière aussi naturelle. Adaptez-la. Si vous avez une forte capacité pulmonaire, ou si vous êtes en forme, vous pouvez effectuer le mouvement en un seul souffle. La plupart des gens préfèrent le faire en deux fois : inspiration et expiration pendant que les mains se lèvent, inspiration et expiration pendant qu'elles descendent. N'oubliez pas que le mouvement des bras et des mains doit être aussi lent et fluide que possible.

Si vous êtes toujours énervé après ces exercices, faites le cinq fois (debout ou allongé).

EXERCICE N° 4

- Pour le visage et le maintien, voir plus haut. Bras le long du corps.
- Pliez les genoux légèrement comme pour former un arc. Doigts entrelacés, bras tendus vers le bas, paumes en l'air (voir figure 4).
- Inspirez et levez les mains, comme si vous ameniez l'eau d'une vasque à votre bouche.
- Lorsque les mains arrivent au niveau du visage, tournez-les paumes vers l'extérieur, et commencez à expirer (voir figure 5).
- En montant sur la pointe des pieds, continuez à lever les mains jusqu'à ce que les paumes se trouvent face au plafond, bras tendus vers le haut (voir figure 6).
- Inspirez en refaisant le geste en sens inverse, pour passer à nouveau les mains devant le visage.
- Expirez en reprenant la position genoux pliés, avec les bras baissés devant vous, doigts toujours entrelacés (voir figure 4).
- Répétez l'exercice au moins cinq fois, jusqu'à ce que votre respiration devienne profonde et régulière.
- Détendez-vous.

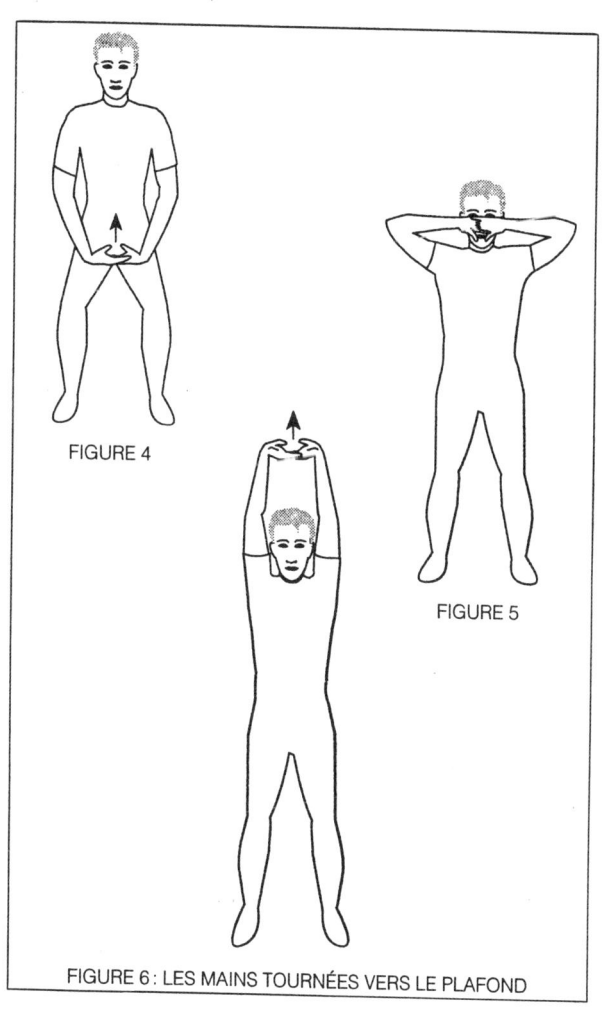

FIGURE 4

FIGURE 5

FIGURE 6 : LES MAINS TOURNÉES VERS LE PLAFOND

EXERCICE N° 4

EXERCICE N° 5

- Tendez un groupe de muscles (les bras par exemple). Puis relâchez-les, afin de comprendre ce que « relâcher » signifie.
- Tendez un autre groupe de muscles. Relâchez.
- Répétez avec le cou, le dos, les jambes, les mains, les pieds, les fessiers, la poitrine.
- Ensuite, faites les exercices de calme.

7
Le calme continu

> « Ne méditez pas,
> soyez en méditation. »
>
> BOUDDHA

Pour que la technique du calme vous inonde du plus de bienfaits possibles, il faut que le calme soit en vous au quotidien. Être calme et satisfait une heure par jour est une chose, mais porter ce sentiment en soi à chaque instant demande beaucoup plus d'efforts. Pratiquer la technique du calme matin et soir permet une vie plus équilibrée et plus paisible, confère une certaine sérénité. Mais ma technique peut-elle donner à elle seule le calme en permanence ? Certainement pas ! Pour bénéficier de tous ses avantages, il faut qu'elle devienne partie intégrante de votre vie. Qu'elle soit beaucoup plus qu'un simple exercice biquotidien.

La technique du calme en action

La méditation ne se pratique pas toujours en position statique. Certains types de méditation sont très actifs. Pourtant, ils partagent un objectif commun avec la technique du calme : permettre à leurs disciples « d'être », tout simplement. La méthode consiste à concentrer son attention sur une activité. Qu'il s'agisse du tir à l'arc d'inspiration zen, des mouvements chorégraphiques du tai-chi-chuan, de la danse des derviches, des arts martiaux, ou de la petite voie de sainte Thérèse de Lisieux, l'objectif est le même : s'abstraire de toute distraction, et concentrer son attention sur la tâche à accomplir (par exemple, vivre l'instant présent).

Après avoir pratiqué le principe un certain temps, vous entendez beaucoup plus facilement votre expression de calme. De plus en plus, elle s'intègre à votre vie quotidienne. Vous pouvez même être moins « discipliné » : vous êtes capable de méditer dans des pièces à l'éclairage brutal, voire bruyantes. Vous volez des moments de calme parmi la foule et la circulation. Vous méditez yeux ouverts, debout, assis, allongé… (N'essayez pas de le faire au début, vous vous détourneriez de votre but.) Bref, même si vos séances de méditation du matin et du soir restent à la base de votre pratique, vous appliquez cette méthode dans l'action, où elle fonctionne aussi bien.

La technique du calme pendant la marche

Marchez, tout simplement… Yeux dans le vague (mais ouverts !), regard droit, bras ballants, mains souples. Détendez votre cou, votre visage, vos bras. Au bout d'une minute environ, vos mains deviendront molles et lourdes, vos doigts picoteront peut-être. Votre respiration sera plus profonde et plus régulière, comme pendant un exercice.

Écoutez ensuite vos pas. Ils sonnent quand le talon retombe sur le sol, ils captent toute votre attention. Vous êtes indifférent aux bruits de la circulation, vous n'écoutez qu'eux. Prenez conscience de votre démarche. Détendez-vous, laissez-vous entièrement absorber. Oubliez les passants. Vous vous arrêtez aux passages cloutés, vous prenez garde en traversant l'intense circulation, mais vous le faites instinctivement, en toute sécurité ; votre vision périphérique vous prévient si une voiture arrive ou si le feu change. Vous vous imprégnez du rythme de votre marche, vous ignorez le monde. Que vous soyez sur le trottoir et que des voitures passent à côté ne signifie plus rien : vous n'êtes attentif qu'au bruit apaisant de vos pas. En quelques minutes, vous avez oublié la circulation, la foule en sueur, vous êtes sorti de vos pensées machinales : vous méditez. L'impression sera différente de celle que vous procurent vos séances habituelles, mais aussi forte.

Au lieu d'écouter vos pas (ou votre respiration, comme cela est aussi possible), vous répétez votre mantra, le laissez émaner de votre centre de calme, comme en méditation. Vous pouvez aussi l'entendre quand vous sautez sur un trampoline, quand vous êtes dans un train, en bus, dans votre bain ou sur la plage, pendant que vous patientez dans une file… il y a des milliers d'occasions pour pratiquer le principe du calme.

Le calme en action vous permet aisément de recharger vos batteries, d'exorciser vos colères et vos craintes durant la journée de travail. En fait, pour maintenir votre paix intérieure, vous devez consacrer certains moments de la journée de travail à la technique du calme passif ou en action. Ne serait-ce que quatre ou cinq minutes. Mais, si efficaces soient-elles, ces séances ne doivent pas remplacer celles du matin et du soir. Elles ne sont pas des substituts, mais des compléments.

La pause-calme

L'environnement le plus stressant est le bureau, l'usine ou le chantier (et parfois notre appartement!). Pour beaucoup, le lieu de travail est un purgatoire, pour certains un enfer, où régnent compétition et insécurité. Même si nous avons besoin des stimulations de la vie professionnelle, elles nous confrontent à plus de situations stressantes que n'importe quelles autres activités, guerre mise à part. Les bénéfices qui en résultent ne parviennent pas toujours à compenser les éléments négatifs.

Parfois, deux petites minutes de pratique du principe du calme apportent des bénéfices substantiels, même si cinq minutes seraient préférables. Au lieu de prendre une pause-café (n'oubliez pas que le café est un stimulant), faites une pause-calme. Marcher cinq minutes, seul, en n'écoutant que son expression de calme ou le bruit de ses pas fait plus de bien que tous les cafés du monde! Cinq minutes de méditation dans un coin tranquille donnent plus d'énergie et d'enthousiasme pour le reste de la journée que la caféine et le sucre. Bref, la pause-calme peut sauver la journée.

Loin d'être une fuite devant la réalité, elle est un moyen d'augmenter son rendement. Si, autour de vous, le stress rend fous vos collègues, fuyez! Le calme dans l'exécution des tâches, l'ordre et la méthode qui en résultent, accroîtront votre efficacité; en outre, vous exercerez une influence apaisante sur ceux qui collaborent avec vous.

Peter travaillait dans une agence de publicité. Autrement dit, dans l'un des mondes les plus agités qui soit, où les victimes du stress sont innombrables. Il adopta alors une méthode de méditation qui lui apporta beaucoup dans sa vie professionnelle et privée. Mais il devait toujours travailler douze heures par jour, dans un environnement frénétique. Il lui fallait autre chose. Lorsqu'on lui a proposé de prendre, plusieurs fois par jour, une pause-calme, pour lui seul, à l'abri des pressions, donc de s'abstraire pour un moment des grandes décisions de l'entreprise, il a considéré qu'accepter serait capituler : cela lui enlèverait son acuité, son sens des affaires, qualités qu'il avait mis si longtemps à développer. Il était certain que son énergie, son envie de se battre, son désir de gagner en seraient diminués, que ses performances s'effondreraient. La situation devint si intolérable qu'il fut prêt à donner sa démission. Il finit par se laisser convaincre de prendre plusieurs pauses-calme. Dans ce type d'histoire, traditionnellement, dès la méthode adoptée, on obtient ce que l'on veut, sans efforts, la situation s'améliore de manière radicale, du jour au lendemain. Hélas, dans la vie courante, rien n'est aussi facile. Il fallut donc un certain temps à Peter. Il fit l'effort de considérer autrement son travail. Il prit des pauses, appliqua le principe du calme (voir plus bas). Dès qu'il sut se relaxer, il cessa d'être un angoissé du travail, cas fréquent dans sa profession, fut libéré des doutes et de l'insécurité qui l'assaillaient et, par conséquent, travailla mieux. Aujourd'hui, il fait partie des consultants les plus détendus, les plus recherchés (et les mieux payés) de la profession.

Une fois familiarisé avec la technique du calme, vous la pratiquerez à toute occasion, yeux ouverts, regard droit devant vous, sans rien fixer de particulier. Cela vous paraîtra étrange au début, mais vous découvrirez qu'ainsi vous pouvez voler des moments d'intimité sans vous faire remarquer. Une séance de deux ou trois minutes de principe du calme au bureau, en vous rendant à votre travail ou en faisant la queue devant l'ascenseur, peut accomplir des merveilles.

La technique du calme

Même si vous n'avez jamais rien lu sur la technique du calme, vous pouvez trouver bien-être et sérénité. En fait, il s'agit de transformer les actes de la vie en occasions de méditation, d'accomplir chaque tâche pour qu'elle enrichisse spirituellement.

Le principe du calme est d'une simplicité désarmante : agir en ne pensant qu'à l'action. Quand vous êtes occupé, ignorez les distractions, concentrez-vous. Si vous accomplissez une corvée terre-à-terre, impliquez-vous sans chercher de distraction, soit dans la conversation soit en déroulant d'autres pensées. Considérez toutes les tâches, y compris les plus triviales, comme les choses les plus importantes de votre vie (ce qu'elles sont, au moment où elles sont faites).

La vie n'existe qu'au présent. Avenir et passé sont des concepts abstraits ; pourtant, ils dominent notre vie, sont à l'origine de tous nos désordres émotionnels. Dans les sociétés occidentales, la conception du passé et de l'avenir provoque l'insécurité, l'anxiété, l'angoisse, des frustrations et tensions. Le principe du calme aide à les surmonter. C'est pourquoi vous devez vous concentrer sur l'instant présent, vivre chaque instant au maximum.

En pratique : ne faites pas de projets pour la soirée quand vous travaillez ; ne mangez pas en regardant la télévision ; ne vous préoccupez pas des délais en exécutant les tâches du jour ; ne faites jamais deux choses à la fois. Concentrez votre énergie sur une seule activité à un moment donné… Tel est le principe du calme. Il n'a pas pour but de vous sublimer. Il s'agit seulement d'organiser ses efforts de manière plus efficace. Concentrer son attention sur une seule activité, c'est un exercice qui entre dans ma technique. Cela libère des distractions, donne plus d'efficacité.

Lorsque vous dirigez votre attention sur le présent, tous vos efforts sont employés pour mener à bien la tâche que vous accomplissez. C'est la meilleure façon de travailler, c'est le mode de fonctionnement idéal. On n'avance guère lorsqu'on virevolte d'un sujet à l'autre, quand on rumine le passé ou que l'on s'inquiète pour l'avenir, tout en faisant autre chose. (Et ne penser ni à l'avenir ni au passé supprime beaucoup des problèmes que nous croyons avoir.) Faire plus d'une chose à la fois, c'est toujours produire moins.

Si vous consacrez une attention méticuleuse à la moindre de vos entreprises, en donnant le meilleur de vous-même à chaque instant, vous serez surpris de vous sentir soudain apaisé. Mener plusieurs projets à la fois crée de l'anxiété, limite l'efficacité et retarde la réalisation.

En surface, la technique du calme semble aller contre l'idéal dans lequel nous avons souvent été élevés : vivre pour le présent est égoïste et dangereux, car il faut préparer l'avenir. Mais la technique du calme ne dit pas l'inverse. Centrer son attention sur l'action présente ne suppose pas oublier l'avenir. Car faire des projets est une activité du présent : nous devons y consacrer notre attention, mais seulement à un moment spécifique, avant de passer à une autre tâche. Car si toutes vos activités sont entachées d'inquiétude pour le lendemain, vous vivrez dans un état de tension permanent. Pensez au futur à un moment donné, consacrez-y ensuite votre énergie, puis opérez de même pour chaque chose à faire.

Appliquez ce principe quand vous êtes en voiture. Oubliez la liste des commissions, n'écoutez pas la radio. Soyez totalement absorbé par la route. Cela fera de vous un conducteur sûr, car plus détendu.

Prenez exemple sur les enfants. Observez comment ils vivent chaque instant pour le plaisir, sans se poser de questions. Regardez comme ils se concentrent sur leur coloriage, leur puzzle ou leur jeu. Regardez comme ils sont calmes en agissant. Les enfants ignorant les soucis, ils appliquent naturellement le principe du calme. Ce n'est que plus tard, lorsqu'ils deviennent grands et «sages», qu'ils oublient ces principes bienfaisants. On rétorquera qu'ils n'ont pas à prendre de responsabilités et à affronter les problèmes des adultes. C'est vrai. Mais les adultes se créent souvent des responsabilités ou des problèmes qu'ils ne pourront jamais assumer ou résoudre. Si vous passez quinze ans à vous inquiéter pour votre retraite, vous aurez gâché quinze ans de votre vie et votre retraite n'en sera pas meilleure. Si vous devez vous inquiéter, faites-le, mais au moment où vous avez décidé de penser à votre problème. Puis passez à une autre activité. Vous imaginez avoir trop de choses à faire pour consacrer toute votre attention à chacune, l'une après l'autre ? Alors, abandonnez une partie de vos activités. Simple, non ?

Appliquez la technique du calme partout. Quand vous mangez, savourez chaque odeur, chaque bouchée (vous mangerez moins, vous apprécierez plus vos repas), prenez conscience des couleurs les plus subtiles, des goûts et des textures. Faites de même en lavant la vaisselle, en arrachant des mauvaises herbes, en peignant une aquarelle, en lisant.

Vous voulez écouter la radio ? N'écoutez qu'elle. Travailler ou conduire radio allumée n'est pas relaxant, mais distrayant, et s'effectue aux dépens de son calme. Diviser son attention, c'est se créer des tensions ; se concentrer sur un objet unique, c'est s'apaiser, produire avec un maximum d'efficacité.

Le calme permanent

L'observation de ces conseils exerce un effet profond sur la vie. Ils sont faciles à intégrer dans la routine, peuvent être observés en toutes circonstances sans attirer l'attention. Trouvez donc quelques minutes dans la journée pour prendre une pause-calme. C'est en appréciant la vie telle qu'elle arrive que vous parviendrez au calme et à la sérénité permanents.

Le mode de vie

La technique du calme influence profondément l'existence, sans amener à modifier son mode de vie. Pourtant, elle n'est pas le remède universel. Tout comme un entraînement physique sans régime alimentaire adapté ne produira pas un bon sportif, un programme de méditation qui ne prendrait pas en compte les autres facteurs de vie ne donnera jamais la sérénité.

Mon but ? Des résultats optimaux. Ne l'oubliez pas. Le principe du calme a un effet positif en soi, n'exige ni régime particulier ni exercices supplémentaires. Néanmoins, si vous l'associez à d'autres programmes qui vont dans le même sens, les résultats n'en seront que meilleurs.

L'une des caractéristiques de ma technique, lorsqu'on la pratique longtemps, est de nous rendre de plus en plus conscient de nous-même, de nous mettre en contact avec les subtilités de notre physiologie. Votre corps saura vous dire qu'il ne tolère pas de fortes doses d'alcool, qu'il ne supporte ni la drogue ni le tabac, que certaines nourritures lui vont mieux que d'autres, qu'il a besoin d'exercice. Cette nouvelle conscience explique pourquoi ceux qui pratiquent le calme renoncent plus facilement à la cigarette, réduisent leur consommation d'apéritif ou de vin, se passent plus facilement de drogues, sont moins malades. L'élimination du stress joue un grand rôle dans ce processus, mais la redécouverte de son corps aussi. Vous pouvez me rétorquer que vous connaissez déjà ce qui est bon pour vous, que votre gueule de bois et votre toux vous le rappellent assez. Avec le principe du calme, votre corps vous aide à vous passer de ces choses, car il n'en ressent plus le besoin. Il faut donc associer au principe du calme le régime alimentaire, l'exercice physique et l'attitude face à la vie.

Le régime alimentaire

S'il y a une chose qui joue sur l'état d'esprit autant que sur la santé, c'est l'alimentation. Le régime alimentaire influe sur les émotions et l'état mental. On est ce qu'on mange. Nous n'avons pas besoin ici d'explorer les régimes alimentaires, de nombreuses publications y étant consacrées. Néanmoins, il y a quelques principes nutritionnels qui doivent être suivis.

En matière d'alimentation, le maître-mot reste « modération ».

C'est pourtant un principe ignoré des dizaines de livres qui sortent chaque année sur le sujet. Pure logique, personne ne s'est jamais enrichi en prêchant en faveur de ce trait de caractère. Un scientifique ou un diététicien ne risquerait guère d'être considéré comme un novateur en l'encourageant. Pourtant, c'est l'approche la plus évidente, la plus raisonnable. L'homme moderne mange trop. Sa ration excède ses besoins quotidiens. En fait, sa ration moyenne conviendrait mieux à l'homme primitif, qui connaissait fréquemment des épisodes « fuir ou combattre », alors que lui passe des heures au bureau, devant la télévision ou en voiture.

Mangez donc moins (sauf si vous mangez déjà peu).

De nos jours, tout le monde semble avoir son propre régime : le « régime banane », le régime armée, le régime hamburger-Coca-Cola... Bien sûr, le régime modération n'existe pas. Pourtant, c'est lui que nos parents nous enseignent : manger raisonnablement de tout, parmi les cinq catégories d'aliments.

- Consommez plus de fruits et de légumes, crus de préférence. Préférez les céréales complètes aux produits raffinés. Buvez beaucoup d'eau (à température ambiante). Préférez les tisanes au café ou au thé (dès que vous aurez cessé de les comparer au « vrai » thé, vous apprécierez leurs effets reposants et réconfortants).

- Choisissez des nourritures riches en vitamine A (yaourt, crème, beurre, œufs, foie, carottes, légumes verts à feuilles, fruits), qui diminuent les effets du stress. Consommez plus d'aliments riches en vitamine C (fruits et légumes), vitamine que le corps consomme en plus grande quantité lorsque le stress augmente. Ces vitamines ont aussi des effets positifs sur la santé mentale. Absorbez beaucoup d'aliments riches en vitamine B (haricots secs, lentilles, pois, noix, graines, germes, céréales complètes, foie, œufs, lait, fromage, yaourt, viande, poisson, volaille et légumes verts à feuilles). Attention : comme la plupart des vitamines, les vitamines B sont vite détruites par la lumière, la chaleur, la vapeur, la cuisson prolongée ou la longue conservation.

- Produits à éviter ou à consommer en quantités limitées : additifs artificiels, sucre blanc, produits raffinés, sel et piment, café et alcool (surtout les alcools forts).

Si vous faites vôtres ces principes, faciles à mettre en œuvre, si vous êtes modéré (tant pour la quantité que pour la qualité des aliments), vous obtiendrez facilement des résultats que la plupart des gens n'obtiennent jamais, car ils suivent des méthodes beaucoup trop sophistiquées.

Pour de nombreuses écoles traditionnelles, le régime alimentaire est essentiel. Elles savent que les formes les plus évoluées de la méditation exigent davantage que de rester assis tranquillement une heure par jour. Leurs disciples sont conscients que les aliments qu'ils absorbent influencent leur état d'esprit. Avec certaines nourritures, les effets sont extrêmes, avec d'autres, ils sont plus atténués. Mais le régime influe toujours sur la méditation.

Les aliments se divisent en trois catégories[1] : ils sont calmants, stimulants ou favorisent la léthargie.

Le régime idéal pour la méditation (en particulier pour les écoles indiennes) consiste principalement en nourritures calmantes, avec quelques touches de

---

[1]. Les informations qui suivent sur le régime alimentaire ne font pas partie de la technique du calme.

nourritures stimulantes. Vous noterez, qu'à l'exception de l'ail et de l'oignon, le régime yogi correspond au régime « nouveau mode de vie » que je prône.

Les nourritures calmantes sont des aliments purs. Digestes, purifiants, ils apportent beaucoup d'énergie et ont un effet apaisant. On les considère généralement comme les mieux adaptés à l'homme.

ALIMENTS CALMANTS

- Tous les fruits.
- La plupart des légumes (avec aussi peu de cuisson que possible).
- Noix et graines à l'état naturel.
- Légumes secs.
- Céréales.
- Lait et produits laitiers.
- Herbes et épices (avec modération).

Les nourritures stimulantes sont celles qui provoquent l'agitation physique et mentale. (Nombre des aliments léthargiques entrent dans cette catégorie.) Ces aliments ne doivent être consommés que rarement.

ALIMENTS STIMULANTS

- Plats très épicés.
- Vinaigre.
- Café, thé, Coca-Cola.
- Conservateurs.
- La plupart des conserves et des produits tout préparés.

Les nourritures léthargiques doivent être évitées. Leur digestion exige beaucoup trop de temps et d'énergie, et provoque une sorte d'inertie. En outre, nombre d'entre elles entrent aussi dans la catégorie des aliments stimulants. La viande, par exemple, appartient aux deux, car elle provoque fatigue et apathie, puis agitation. Elles ne font donc aucun bien à l'esprit.

ALIMENTS LÉTHARGIQUES

- Viandes et volailles.
- Poissons et fruits de mer.
- Produits raffinés (sucre blanc, pain, farine).
- Alcools.
- Produits fermentés (cornichons) ou rances.

Certains aliments n'entrent dans aucune catégorie : œufs, oignons, ail, ciboulette et poireaux. Ils sont parfois classés parmi les aliments léthargiques, à éviter absolument, et parfois ailleurs. Quant à moi, je pense que c'est à vous de décider s'ils vous conviennent ou non.

Si vous estimez qu'un régime à base de nourritures calmantes est bon pour vous (il doit comprendre une quantité modérée de nourritures stimulantes), achetez un livre de cuisine végétarienne. Ne vous contentez pas des quelques préceptes de ce chapitre, car vous aurez besoin d'étudier la question en profondeur.

Si vous désirez changer de régime alimentaire, modifiez-le progressivement, en substituant peu à peu aux aliments que vous consommez habituellement les nouveaux. Les changements trop brutaux sont nocifs.

L'exercice

Le débat sur l'exercice physique a fait couler beaucoup d'encre. J'aimerais pouvoir dire que le principe du calme dispense de sport (pour mon bien autant que pour le vôtre!), mais, hélas, ce n'est pas le cas.

Si la simple pensée de vous mettre en sueur et de devoir reprendre votre souffle vous remplit d'horreur, oubliez les salles de gym et l'aérobic, et contentez-vous de longues marches. C'est un très bon exercice, qui ne demande ni talent ni équipement. Il peut en outre être pratiqué en appliquant le principe du calme en action. La marche influence la manière de méditer, parce qu'elle améliore votre santé, laquelle renforce l'efficacité du principe du calme. Une respiration plus ample, plus lente et plus profonde nourrit le calme intérieur, fait surgir un sentiment de bien-être que seuls les grands athlètes connaissent. Faites les exercices de calme et apprenez à respirer.

L'attitude face à la vie

Elle est aussi importante que le régime et le sport. Une attitude négative a un effet nocif sur la santé, et donc sur le bonheur. Une conception optimiste, enthousiaste, aide à aller dans le bon sens.

En même temps que le calme, l'optimisme doit être votre but. Une attitude positive permet de vivre plus heureux, en meilleure santé, d'avoir des relations plus enrichissantes, de communiquer avec plus de facilité.

Pour certains, l'optimisme est un talent naturel. Pour la plupart, il doit s'apprendre. Et il en vaut la peine! Une attitude positive marque chaque instant de la journée, influe sur les personnes de l'entourage et détermine votre manière de réagir face aux situations que vous rencontrez. Elle donne de l'énergie, met de bonne humeur, bref, est la clé de la santé. Et la réussite repose presque uniquement sur elle.

Il n'existe aucune formule secrète pour la développer. Vous devez simplement prendre conscience qu'une telle attitude est souhaitable (c'est déjà une démarche positive!), et tenter de l'acquérir avec détermination. Reconnaître ses pensées négatives et les remplacer par des positives, tel est le moyen le plus aisé et le plus efficace pour développer l'optimisme. Comme un état d'esprit positif est plus puissant qu'un état d'esprit négatif, les pensées négatives ne survivent pas longtemps à cet effort pour les exterminer.

Le principe du calme est le véhicule idéal pour instiller des pensées positives dans votre journée. Commencez celle-ci aussi tôt que possible par quinze à trente minutes de méditation. Après la séance, restez assis dans cet état de relaxation quelques minutes et dites-vous que vous allez vibrer d'une énergie positive le reste de la journée. Imaginez-vous souriant et débordant d'enthousiasme. Imaginez-vous ne voyant que le bon côté des personnes que vous croisez. Vous serez surpris de l'influence de ces quelques instants sur le reste de votre journée.

Cela vous semblera peut-être évident, mais en plus de votre attitude positive, vous devrez cultiver un certain intérêt pour votre vie. Considérez avec autant d'attention votre métier que vos loisirs. Vous pensez peut-être que ceux qui occupent des fonctions prestigieuses peuvent plus facilement se captiver pour leurs tâches que le paysan, la femme d'intérieur ou le chômeur. C'est sans doute vrai. Néanmoins, vous vous devez à vous-même de vous intéresser à ce que vous faites. Si vous accomplissez un travail que vous estimez ennuyeux, impliquez-vous dans la manière dont vous l'effectuez. La forme, autant que le fond, est un objectif en soi ; faites chaque tâche le mieux possible. Concentrez-vous, ne vous laissez pas distraire.

Quant à vos loisirs, vous n'avez pas besoin que je vous explique comment vous y intéresser.

Riez plus souvent. Le rire est un remède inégalable. Il relaxe tous les muscles, libère toutes les tensions, apaise toutes les colères. Voyez le côté drôle de la vie et vos problèmes s'évanouiront. Cultivez votre humour, ne soyez plus obsédé par vous-même, cessez de vous prendre au sérieux.

La technique du calme aura un effet bénéfique sur votre attitude. Elle vous permettra de trouver de l'intérêt dans votre routine. Travaillez votre comportement, riez souvent, intéressez-vous à ce que vous faites, mangez équilibré et en quantité modérée, pratiquez un minimum de sport ; pratiquez le principe du calme tous les jours, et vous obtiendrez tout ce que vous attendez de la vie : paix, santé, bonheur. Aucune autre méthode ne supporte la comparaison.

TROISIÈME PARTIE

8
Questions/réponses

« Nous avons besoin d'un état d'esprit enthousiaste mais calme, et de travail intense mais ordonné. »

Mao Tsé-Toung

Vous trouverez dans ce chapitre les questions qui me sont le plus souvent posées.

Parmi les nombreuses formes de méditation, lesquelles sont les meilleures ?

Cela constitue un précédent dangereux pour un livre de développement personnel d'admettre qu'il y a plus d'une « bonne » direction à suivre. Il est vrai qu'il y a des milliers de voies, qui sont toutes valides. Le simple fait de méditer est ce qui compte. La manière de méditer est un choix. L'important est de choisir un type de méditation, de le pratiquer avec application, et de ne pas en changer. Quant à la qualité du principe en elle-même, la méditation zen n'est pas meilleure que le Tai Chi ; le Raja Yoga n'est pas supérieur à la récitation du rosaire ; le tissage de tapis Sufi n'est ni pire ni meilleur que la danse des derviches. Tant que vous pratiquez une méthode sincèrement et régulièrement, elle est aussi efficace qu'une autre. Le seul avantage du principe du calme est sa simplicité. Et, dit humblement, c'est sa supériorité.

La méditation indienne joue-t-elle un grand rôle dans la technique du calme ?

Je n'ai jamais trouvé le moindre indice qui prouverait que les formules ancrées dans une certaine culture gardent leur valeur spirituelle lorsqu'elles s'exportent. À cause de l'ancienneté de sa tradition, sans doute, on pense souvent que l'Inde possède une certaine suprématie en matière de techniques de méditation. L'expérience et le bon sens prouvent le contraire. Aujourd'hui, la plupart des maîtres de méditation occidentaux s'accordent à dire qu'il vaut mieux aborder son programme de méditation dans sa propre culture et son environnement. Il n'est pas question de dénigrer les méthodes importées, qui ont souvent beaucoup à offrir, mais la mode orientale a joué un trop grand rôle dans la méditation. Le principe du calme s'adresse à tous.

Est-il possible de reproduire des expériences similaires à celles que procure le principe du calme avec des drogues ?

Les effets des drogues n'égaleront jamais ceux de ma technique. Sous l'effet de la marijuana, il est parfois possible de concentrer son attention sur une seule chose, mais c'est une expérience creuse et sans signification. Concentrer son attention n'est pas méditer, surtout lorsque cette faculté est obtenue par un stimulant. Vous pouvez atteindre le même résultat par vos seuls efforts grâce à la technique du calme. Avec elle, votre esprit sera parfaitement alerte et équilibré. Il n'y a aucune comparaison possible.

La technique du calme risque-t-elle d'interférer avec ma foi ?

Elle n'est ni une philosophie ni une religion. Elle n'est qu'une technique, qui vous permet de tirer le maximum de bénéfices de sa vie temporelle. Elle est sans rapport avec vos croyances, pas plus qu'elle ne dépend de votre absence de croyance, d'ailleurs.

La technique du calme est-elle une sorte de transe ?

D'une certaine manière.

La technique du calme est-elle une sorte d'auto-hypnose ?

L'hypnose, où on renonce à sa volonté pour y substituer celle d'un tiers, est exactement l'inverse du principe du calme. Elle assoupit la conscience. Le principe du calme la développe. L'état physiologique de l'hypnose reflète l'état qui a été suggéré au sujet. L'état de calme traduit une conscience exacerbée, associée à un état corporel équivalent à celui du sommeil profond, lequel est inaccessible par l'hypnose. En général, l'hypnose est conduite avec un but précis. La technique du calme, en tant que telle, n'a pas d'objet défini.

Pourtant, il existe des similitudes. Hypnose et technique du calme reposent sur une attention concentrée. Elles sont toutes deux des états auto-induits. Même si l'auto-hypnose ne semble pas correspondre a priori à la définition de l'hypnose (état où la conscience et la volonté passent sous le contrôle d'un tiers), elle est le seul moyen de parvenir à un état donné. En outre, l'auto-hypnose provoque un état physiologique similaire à celui de la méditation. La plupart des formes de méditation sont des sortes d'auto-hypnoses.

Cependant, hypnose et méditation n'ont pas la même raison d'être. L'hypnose doit instiller des vérités et des attitudes dans le subconscient d'un sujet ; la technique du calme, elle, cherche à découvrir la vérité qui existe déjà à l'intérieur de l'être. C'est pourquoi toute comparaison est impossible.

Que se passe-t-il si le téléphone sonne au milieu d'une séance ?

Avant de commencer votre séance, assurez-vous que rien ne viendra vous perturber. Mais si vous oubliez de décrocher le téléphone, laisser un appel sonner dans le vide vous dérangera plus que d'y répondre.

Que faire quand on a une crampe ou l'envie de se gratter ?

Vous avez le choix. Ignorer ce qui se passe et concentrer votre attention sur votre expression de calme, ou vous gratter. Les petites gênes ont tendance à s'amplifier quand on y pense. En général, elles sont des astuces de notre esprit pour nous détourner de la méditation. Ne tentez pas d'ignorer ces petits soucis, sauf si vous avez assez de pratique.

Quel est le moment idéal pour la technique du calme ?

Le plus tôt possible le matin, de préférence dans le calme, avant que tout le monde se lève pour aller au travail. Dès que vous êtes lavé, commencez votre séance, vous verrez que même si vous devez vous lever une heure plus tôt, vous vous sentirez plus reposé.

Quelle est la durée idéale d'une séance ?

C'est l'expérience qui vous le dira. Au début, contentez-vous de quinze à vingt minutes. Si vous ne disposez pas d'un quart d'heure, réduisez à dix minutes. Une courte séance vaut mieux que pas de séance du tout.

Est-ce grave si l'on y consacre plus de temps ?

Au début, n'allez pas au-delà de trente minutes. Quand vous serez entraîné, vous prolongerez vos séances aussi longtemps qu'il vous semblera nécessaire.

Que faire lorsqu'on se sent fatigué ou qu'on s'endort ?

Si vous êtes fatigué, pratiquez la technique du calme yeux ouverts. Même si vous vous assoupissez, vous vous réveillerez sans doute très vite. Ma méthode ne vous fera pas dormir toute la journée, ou oublier d'aller au travail.

Comment savoir si on a fait une bonne séance ?

Avoir fait une séance de méditation suffit pour qu'elle soit bonne. Cependant, il y aura sûrement des moments où il ne se passera pas grand-chose et où vous commencerez à vous lasser. C'est alors qu'il faut persévérer (n'oubliez pas l'analogie avec l'exercice physique), car les bienfaits seront encore plus grands pour ceux qui auront le courage de poursuivre. Parfois, après une période de morosité, les choses deviennent encore plus enrichissantes qu'avant.

On m'a dit que certaines personnes ne sont pas faites pour la méditation. Lesquelles ?

Les paresseux.

À quel âge doit-on commencer ?

Même s'il n'y a pas d'âge limite, le bon sens veut que la méditation soit réservée à ceux qui sont assez vieux pour en apprécier la signification. Il serait possible d'enseigner certaines formes de méditation, comme la technique du calme, à de jeunes enfants, mais à quoi bon ?

Plusieurs personnes peuvent-elles méditer ensemble ?

Un groupe de méditation offre un environnement serein qui fait partie des rares plaisirs de la vie. Même si la technique du calme est une pratique solitaire et individuelle, la pratiquer en groupe crée une dynamique qui doit être vécue. Essayez dès que vous pourrez.

Le stress a-t-il forcément sa place dans la physiologie de l'individu ?

Très certainement, oui. Non seulement une certaine quantité de stress est normale dans la vie courante, mais il est essentiel pour accomplir certaines tâches. Imaginez un coureur olympique qui n'aurait pas le trac avant la finale ! Vous sentiriez-vous en sécurité avec un général qui ne se fait aucun souci pour la bataille dans laquelle il vous envoie? Nous nous sentons beaucoup plus tranquilles lorsque les contrôleurs du ciel travaillent avec une certaine tension (modérée). Et si jamais nous sommes dans une situation «fuir ou combattre», vous remercierez le stress d'exister! Par la méditation, nous traitons le stress accumulé, permanent, celui qu'il n'est pas possible de soulager facilement, qui s'auto-alimente, nous déprime et réduit nos capacités. Que ce soit une évidence ou pas, la plupart des Occidentaux souffrent de maladies et de troubles liés au stress. La technique du calme constitue un pas majeur vers la paix.

Que se passe-t-il lorsqu'on traverse une période où l'on doit affronter de grands problèmes ?

C'est bien entendu dans ces instants que vous aurez le plus besoin de la technique du calme. Malheureusement, c'est aussi à ces moments qu'il vous est le plus difficile de pratiquer. Vous avez trop de choses à l'esprit, à faire, à penser, qui vous distraient de votre tâche. Néanmoins, même alors, il faut persister. Faites les exercices de calme. Allongez les séances. En général, dans ces circonstances, il me faut près d'un quart d'heure avant de commencer la méditation, ce qui peut faire des séances de quarante-cinq minutes, voire d'une heure.

Parfois, pendant les vingt minutes, j'ai l'impression de perdre mon temps, que rien ne marche. Est-ce à tort ?

Faites les exercices avant de commencer, cela devrait vous aider. Sinon, vous traversez peut-être une période creuse : dans ce cas, persistez. Si les choses vous paraissent trop difficiles, contentez-vous de rester assis vingt minutes, en profitant de votre solitude. Et si un jour, cela vous paraît encore plus dur, remettez votre séance au lendemain.

Parfois, au bout des vingt minutes, je m'aperçois que je ne me souviens de rien, comme si j'avais fermé les yeux pour les rouvrir seulement à la fin. Une séance doit-elle se dérouler ainsi?

Cela arrive parfois. Je ne sais pas pourquoi. Même si l'impression obtenue est agréable, tel n'est pas l'objectif de la méditation.

Et si l'on ne peut pas faire ses séances pendant quelques jours?

Il vaut mieux l'éviter, mais cela ne doit pas marquer la fin de votre programme. Reprenez le plus vite possible.

Et si je ne trouve aucun lieu adapté?

Cela arrive lorsqu'on vit dans un endroit où habite beaucoup de monde, ou chez des gens que l'on connaît mal. Levez-vous de bonne heure, allez vous promener dans un parc (idéal pour la technique du calme), faites vos séances dans le train… ou n'importe où… Vous ne ferez peur à personne!

Pourquoi les séances doivent-elles être pratiquées avant les repas?

Pour deux raisons : le métabolisme ralentissant lors de la méditation, votre digestion serait interrompue (si vous venez de manger, ce n'est guère conseillé); ensuite les gargouillis et le mal-être provoqués par cette digestion arrêtée sont une distraction. Faites vos séances avant les repas ou deux heures après avoir mangé.

On m'a dit que la méditation était le moment idéal pour résoudre ses problèmes. Peut-on utiliser la technique du calme à des fins pratiques ?

La technique du calme est le moment où vous écoutez votre expression de calme, pas celui où vous résolvez vos problèmes. Néanmoins, c'est un excellent prélude avant la réflexion. Après avoir terminé, vous avez l'esprit frais, vous êtes créatif et alerte. Exploitez au mieux ces dispositions d'esprit.

Que faire des idées qui viennent à l'esprit en pratiquant la méditation ?

Doit-on agir en fonction d'elles ?
Vous verrez que ces distractions deviennent de plus en plus inventives avec le temps. Certaines des idées auxquelles vous penserez (au lieu de ne penser qu'à votre expression de calme) vous sembleront assez extraordinaires. Elles doivent être traitées comme les autres distractions : oubliez-les et concentrez-vous sur votre expression de calme.

Est-il possible de changer d'expression de calme quand on utilise la même depuis un certain temps ?

Votre mantra est un élément spécifique de votre développement méditatif. Il ne doit jamais être changé, une fois adopté. Si, à un moment, vous avez envie d'aller plus loin dans la méditation, votre maître souhaitera peut-être que vous en choisissiez un autre. Mais, personnellement, je ne vois aucune raison pour le modifier. L'expression de calme est de toute façon dépourvue de signification. Enfin, si vous en avez vraiment envie, changez-la, mais l'idéal est de trouver la bonne dès la première fois.

On dit parfois qu'il ne faut jamais confier son mantra à personne. Qu'arrive-t-il dans le cas contraire ?

Mieux vaut ne jamais parler de son expression de calme ou de son mantra (sauf avec son maître de méditation, si on en a un). Certaines écoles interdisent qu'on prononce ce mot. Il me semble qu'il vaut mieux se contenter de ne pas en parler. L'expression de calme est une chose très personnelle, que vous n'entendez que dans les profondeurs de votre esprit. La traiter comme un vulgaire sujet de conversation amoindrirait son importance. Mieux vaut la laisser en paix.

Parfois, je suis assailli par des pensées horribles. Comment y mettre fin ?

Quel que soit le contenu de vos pensées, ce ne sont que de simples distractions. Retournez à votre mantra et oubliez-les.

J'ai entendu dire que certaines personnes quittaient leur corps pendant la méditation ou avaient des visions. Est-ce vrai ?

De l'Orient à l'Occident, dans toutes les écoles de méditation, l'attitude envers les phénomènes paranormaux est la même : on les ignore. Ils sont peut-être intéressants, mais ils n'ont rien à voir avec la méditation. Si un tel événement se produisait (c'est extrêmement rare), ne lui accordez pas d'importance. Votre esprit essaie simplement de vous détourner de l'expression de calme.

Et la lévitation ?

Rien à voir avec la technique du calme.

La technique du calme soigne-t-elle l'insomnie ?

Nombre d'insomnies sont causées par la tension et le stress. Les pratiquants du principe du calme ont un sommeil plus reposant que les autres (bien que je n'aie pas fait de sondage). Ceux dont l'insomnie est le fruit du stress trouveront un soulagement certain grâce à ma technique, même si elle ne vient pas à bout de toutes les formes de ce mal.

La technique du calme soulage-t-elle les migraines ?

Même réponse que précédemment.

Peut-elle m'aider à arrêter de fumer ?

Comme la technique du calme est une discipline destinée à renforcer la volonté et à maîtriser les sens, elle est un soutien pour tous ceux qui se désintoxiquent du tabac, de l'alcool ou de la drogue. Cela fonctionne de trois manières : en renforçant la volonté ; en accroissant la conscience de ce qui est nocif pour le corps – c'est donc celui-ci qui vous sortira de la toxico-dépendance ; en accroissant votre calme – avec une certaine pratique. L'essentiel est que vous compreniez que le fait que fumer est un symptôme de stress. Si vous pratiquez le principe du calme et suivez les cinq préceptes suivants, je vous promets que vous serez capable de renoncer au tabac (ou à l'alcool et la drogue) plus facilement que vous ne l'auriez cru possible.

Il y a cinq manières de surmonter une dépendance.

1. Pratiquer la technique du calme régulièrement.

2. Au lieu de cesser de fumer (ou de boire), devenir un non-fumeur (ou un non-buveur). Respirer correctement, retrouver le goût de la nourriture, avoir une conduite plus sociable, être d'une compagnie agréable. Une attitude positive est essentielle. Ne vous laissez pas influencer par les clichés habituels : «Cela fait grossir»; «Cela met de mauvaise humeur». Ce ne sont que des prétextes pour recommencer à fumer. Si vous avez la bonne approche, vous n'aurez pas ces réactions négatives.

3. Faire du sport et manger équilibré (si vous le faites déjà, améliorez ces deux points). Lorsque les bénéfices de l'un des deux programmes s'estomperont, ceux de l'autre se feront ressentir. Vous aurez la force de continuer parce que vous vous sentirez beaucoup mieux.

4. Prévoir le jour où on deviendra non-fumeur (ou autre) une semaine à l'avance. Faire une marque sur son agenda. Regardez-la chaque jour précédant l'événement. Souvenez-vous-en longtemps après l'avoir dépassé. Car ce jour sera très important dans votre vie.

5. Ne jamais plus toucher une cigarette (ou autre). Il n'existe pas de petits fumeurs. Ne soyez pas de ceux qui ne font que marquer une pause avant de recommencer. Votre esprit vous jouera de nombreux tours pour vous persuader qu'une petite cigarette de temps en temps ne fait pas de mal. Ne vous laissez pas manipuler. Quand

vous devenez non-fumeur, vous le devenez pour toujours.

Vous affirmez que la technique du calme renforce la volonté ?

Assurément.

Parvient-on un jour à un stade où la méditation est inutile ?

Jamais. De toute façon, après avoir médité un certain temps, vous n'aurez plus envie d'arrêter. Vous attendrez vos séances avec impatience, pour leurs bienfaits. Un jour, vous parviendrez à l'état de calme avec très peu d'efforts, presque à volonté. Mais avant il faudra beaucoup travailler.

QUATRIÈME PARTIE

9

Comment rester calme

« Quand un homme peut apaiser ses sens, je sais qu'il a trouvé l'illumination. »

Sri Krsna

À présent, vous êtes prêt pour la technique du calme. Au début, le plus grand obstacle est d'en attendre trop. Elle est subtile et elle est loin d'être une expérience « excitante ». Vous ne serez pas « captivé » par votre expression de calme dès la première fois. Il vous faudra sans doute plusieurs années avant de pouvoir passer vingt minutes d'affilée l'esprit vide. Si la méditation forge de tels caractères, c'est parce qu'elle apprend à ne garder en tête que son mantra, pendant des périodes prolongées. C'est la lutte qui est importante, non le résultat. Votre pratique sera couronnée de succès si vous y travaillez consciencieusement. Être doué ne suffit pas.

Persistez au moins deux mois. Alors, je suis certain que vous serez aussi enthousiaste que moi. La grande remise en cause se produit généralement au bout de neuf à douze mois. Vous êtes alors lassé, et même blasé, par les résultats. Les améliorations ne sont plus aussi sensibles qu'au début. Si vous arrêtez à ce moment, il faudra quelques semaines, voire quelques mois, avant de comprendre ce que vous avez perdu. Et il sera nécessaire de repartir de zéro.

C'est pourquoi il faut arriver à apprécier la technique du calme comme une chose agréable en soi, pour ce qu'elle est et non pour ce qu'elle apporte. Chaque instant doit être béni par la simple joie « d'être ». Voyez vos séances comme un grand moment de paix et d'harmonie dans la journée.

Avec le temps, la méditation vous apprendra à trouver votre centre du calme, cet endroit à l'intérieur de vous où se trouve la paix, quoi qu'il advienne autour de vous. Lorsque vous le connaîtrez, vous aurez votre base de sécurité, vous cesserez de nourrir des regrets pour le passé et d'éprouver des soucis pour l'avenir, vous vivrez pleinement ici et maintenant. Après un certain temps de méditation, des voies inconnues s'ouvriront à vous. Je ne sais ce qu'elles seront, mais vous pourrez les explorer, armé d'une nouvelle intuition, renforcé par un moi inaltérable.

Je vous ai averti des dangers de l'infidélité intellectuelle et spirituelle. Passer de technique en technique, de gourou en gourou, n'est qu'une manière de se perdre. Vous devez vous sentir libre d'élargir vos connaissances, bien entendu, mais attachez-vous à construire chaque expérience sur la précédente, plutôt que de rechercher toujours quelque chose de neuf, à la première lassitude. La technique du calme constitue une fondation idéale pour vos constructions futures.

Pratiquez sincèrement, et la méditation aura une influence positive sur votre vie. Vous serez en meilleure santé, plus heureux, en harmonie avec vos actions. Avec la méditation, dans ce vieux monde sans cesse en guerre vous connaîtrez la paix.

Bien-être, des livres qui vous font du bien

*Psychologie, santé, sexualité, vie familiale, diététique... :
la collection Bien-être apporte des réponses pratiques
et positives à chacun.*

Psychologie

Thomas Armstrong
Sept façons d'être plus intelligent - n°7105

Jean-Luc Aubert et Christiane Doubovy
Maman, j'ai peur – Mère anxieuse, enfant anxieux ? - n°7182

Anne Bacus & Christian Romain
Libérez votre créativité ! - n°7124
Murmures sur l'essentiel – Conseils de vie d'une mère à ses enfants - n°7225

Simone Barbaras
La rupture pour vivre - n°7185

Martine Barbault & Bernard Duboy
Choisir son prénom, choisir son destin - n°7129

Deirdre Boyd
Les dépendances - n°7196

Nathaniel Branden
Les six clés de la confiance en soi - n°7091
Maître de ses choix, maître de sa vie - n°7127

Sue Breton
La dépression - n°7223

Jack Canfield et Mark Victor Hansen
Bouillon de poulet pour l'âme - n°7155
Bouillon de poulet pour l'âme 2 - n°7241

Richard Carlson
Ne vous noyez pas dans un verre d'eau - n°7183
Ne vous noyez pas dans un verre d'eau... en famille ! - n°7219

Richard et Kristine Carlson
Ne vous noyez pas dans un verre d'eau... en amour ! - n° 7243

Steven Carter & Julia Sokol
Ces hommes qui ont peur d'aimer - n°7064

Chérie Carter-Scott
Dix règles pour réussir sa vie - n°7211

Loly Clerc
Je dépense, donc je suis ! - n°7107

Guy Corneau
N'y a-t-il pas d'amour heureux ? - n°7157
La guérison du cœur - n°7244

Lynne Crawford
La timidité - n°7195

Christophe Fauré
Vivre le deuil au jour le jour - n°7151

Daniel Goleman
L'intelligence émotionnelle - n°7130
L'intelligence émotionnelle 2 - n°7202

Nicole Gratton
L'art de rêver - n°7172

John Gray
Les hommes viennent de Mars, les femmes viennent de Vénus - n°7133
Une nouvelle vie pour Mars et Vénus - n°7224
Mars et Vénus, les chemins de l'harmonie - n° 7233
Mars et Vénus, 365 jours d'amour - n° 7240

Marie Haddou
Savoir dire non - n°7178
Avoir confiance en soi - n°7245

Evan Imber-Black
Le poids des secrets de famille - n° 7234

Sam Keen
Être un homme - n°7109

Barbara Killinger
Accros du boulot - n°7116

Jean-Claude Liaudet
Dolto expliquée aux parents - n°7206

Dr Gérard Leleu
La Mâle Peur - n°7026
Amour et calories - n°7139
La fidélité et le couple - n°7226

Christine Longaker
Trouver l'espoir face à la mort - n°7179

Ursula Markham
Le deuil - n°7230
Les traumatismes infantiles - n°7231

Bernard Martino
Le bébé est une personne - n°7094

Alan Loy McGinniss
Le pouvoir de l'optimisme - n°7022

Pia Mellody
Vaincre la dépendance - n°7013

Yannick Noah
Secrets, etc. - n°7150

Robin Norwood
Ces femmes qui aiment trop – 1 - n°7020
Ces femmes qui aiment trop – 2 - n°7095

Vera Peiffer
Soyez positifs ! - n°7118

Xavier Pommereau
Quand l'adolescent va mal - n°7147

Anthony Robbins
Pouvoir illimité - n°7175

Henri Rubinstein
La dépression masquée - n°7214

Jacques Salomé
Papa, maman, écoutez-moi vraiment - n°7112
Apprivoiser la tendresse - n°7134

Barbara Sher et Barbara Smith
Vous êtes doué et vous ne le savez pas - n°7141

Elaine Sheehan
Anxiété, phobies et paniques - n°7213

Deborah Tannen
Décidément, tu ne me comprends pas ! - n°7083

Nita Tucker
Le grand amour pour la vie - n°7099

Isabelle Yhuel
Mère et fille, l'amour réconcilié - n°7161
Quand les femmes rompent - n°7201

Rika Zaraï
Ces émotions qui guérissent - n°7114

Harmonies

Karen Christensen
La maison écologique - n°7152

Karen Kingston
L'harmonie de la maison par le Feng Shui - n°7158

Marjorie Harris
Un jardin pour l'âme - n°7149

Jane Thurnell-Read
Les harmonies magnétiques - n°7228

Jean Vernette
Les nouvelles thérapies - n°7220

Christine Wildwood
L'aromathérapie - n°7192

Bien-être

7249

Composition Chesteroc International Graphics
Achevé d'imprimer en Europe (France)
par Maury-Eurolivres – 45300 Manchecourt
le 12 août 2002.
Dépôt légal août 2002. ISBN 2-290-31821-3
1ᵉʳ dépôt légal dans la collection : avril 2002

Éditions J'ai lu
84, rue de Grenelle, 75007 Paris
Diffusion France et étranger : Flammarion